GUIDE
DE LA
ROUTE

LES PUBLICATIONS DU QUÉBEC
1500 D, rue Jean-Talon Nord, Québec (Québec) G1N 2E5

VENTE ET DISTRIBUTION
Téléphone : 418 643-5150 ou, sans frais, 1 800 463-2100
Télécopie : 418 643-6177 ou, sans frais, 1 800 561-3479
Internet : www.publicationsduquebec.gouv.qc.ca

Catalogage avant publication de Bibliothèque et Archives Canada

Vedette principale au titre :

   Guide de la route

   ISSN 1182-5057
   ISBN 978-2-551-19724–8

   1. Sécurité routière - Québec (Province) - Guides, manuels, etc. 2. Conduite automobile - Québec (Province) - Guides, manuels, etc. 3. Circulation - Droit - Québec (Province) - Guides, manuels, etc. 4. Signalisation routière - Québec (Province) - Guides, manuels, etc. I. Société de l'assurance automobile du Québec. II. Québec (Province). Ministère des transports. Service des technologies d'exploitation.

KEQ590.S42   343.71409'46   C91-081990-4

LES PUBLICATIONS DU QUÉBEC

GUIDE DE LA ROUTE

Québec 🔲🔲

Cette édition a été produite par
Les Publications du Québec
1500 D, rue Jean-Talon Nord,
1er étage
Québec (Québec) G1N 2E5

Chef de projet
Pierre Fortier

Direction artistique
Lucie Pouliot

Chargé de production
Laurent Langlois

Illustrations
Jean-Michel Girard

Graphisme et mise en page
Deschamps Design

Cette publication a été réalisée
par la Société de l'assurance
automobile du Québec,
en collaboration avec le Service
des technologies d'exploitation
du ministère des Transports.

Recherche et rédaction
Micheline Briand,
Service des usagers de la route

Avec la collaboration de
Claude Nazair,
Ministère des Transports

Coordination du projet
Diane Godbout

Correction linguistique
Hélène Hurtubise

Dépôt légal – 2006
Bibliothèque et Archives nationales du Québec
Bibliothèque et Archives Canada
ISBN 978-2-551-19724-8
ISSN 1182-5057
© Gouvernement du Québec – 2006

INTRODUCTION

La présente publication, destinée aux usagers de la route, est un condensé du *Code de la sécurité routière* et de ses règlements. Elle présente les prescriptions majeures de la loi, rappelle les normes de la conduite automobile et donne certains conseils pratiques.

Chaque usager de la route, qu'il soit piéton, cycliste, passager ou conducteur de quelque véhicule que ce soit, y trouvera un aperçu de ses droits et devoirs.

Cette édition inclut les exigences d'obtention particulières à chaque classe de permis, les modalités relatives aux vignettes de stationnement pour les personnes handicapées, les mesures qui concernent la conduite d'un véhicule routier sous l'effet de l'alcool, incluant l'obligation de se soumettre, dès la première infraction, à une évaluation sommaire auprès de la Fédération québécoise des centres de réadaptation pour les personnes alcooliques et toxicomanes, et l'utilisation obligatoire, dans certaines situations, d'un antidémarreur éthylométrique pour obtenir un nouveau permis. Il présente les nouvelles mesures qui s'appliquent aux personnes qui omettent de payer une amende à la suite d'une infraction au *Code de la sécurité routière* ou à un règlement municipal relatif à la circulation ou au stationnement.

Le chapitre sur la signalisation présente les panneaux de signalisation, par catégorie, et des précisions sont données sur leur utilisation.

Quant au chapitre sur les règles de circulation, il décrit la manœuvre de virage à droite sur feu rouge. Il présente le critère pour établir l'obligation d'utiliser un dispositif de retenue pour enfants adapté à la taille de ceux-ci, une brève explication concernant les coussins gonflables, les conditions d'utilisation des bicyclettes assistées sur les chemins publics et des règles de sécurité renforcées pour l'utilisation des trottinettes. Il fournit des conseils de prudence à l'approche d'une zone de travaux, présente les règles de circulation sur un chemin forestier, donne un aperçu des règles encadrant l'utilisation des véhicules lourds et invite tous les conducteurs à tenir compte des autres usagers de la route pour circuler en toute sécurité.

Pour toute référence à caractère légal, consulter les textes officiels de la loi.

Prendre note que le générique masculin désigne aussi bien les femmes que les hommes et est utilisé dans le seul but d'alléger le texte.

TABLE DES MATIÈRES

Chapitre 1

LE CONDUCTEUR

Pour conduire un véhicule sur un chemin public, une personne doit être titulaire d'un permis de la classe appropriée au véhicule. Selon les prescriptions du Code de la sécurité routière s'appliquant à la situation du conducteur, la Société de l'assurance automobile du Québec (SAAQ) délivre un permis d'apprenti conducteur, un permis probatoire, un permis de conduire ou un permis restreint.

Plus de 4 400 000 Québécois et Québécoises sont titulaires d'un permis de conduire.

L'obtention du permis de conduire est loin d'être un droit absolu. Pour obtenir le permis ou le conserver, il faut satisfaire à des exigences précises et respecter les conditions qui y sont associées. Le permis peut être retiré à un conducteur dont le comportement ou l'état de santé devient une menace pour sa sécurité et pour celle des autres usagers de la route.

Par ailleurs, le conducteur devra tenir compte de son état de santé et adopter un bon comportement, ces facteurs pouvant influencer la conduite d'un véhicule routier.

LE PERMIS DE CONDUIRE

POUR OBTENIR UN PREMIER PERMIS DE CONDUIRE

Le premier permis de conduire est généralement délivré pour la conduite d'un véhicule de promenade (permis de classe 5). Pour l'obtenir, il faut d'abord être titulaire d'un permis d'apprenti conducteur, puis d'un permis probatoire. Toutefois, le permis probatoire est réservé aux conducteurs âgés de 16 à 24 ans.

LES EXIGENCES DE BASE

Pour obtenir la classe de permis autorisant la conduite d'un véhicule de promenade, une personne doit être âgée d'au moins 16 ans. Si elle est âgée de moins de 18 ans, elle doit avoir le consentement écrit du titulaire de l'autorité parentale (père, mère ou tuteur) avant de s'engager dans le processus d'obtention du permis de conduire.

Elle doit également prouver son identité en soumettant deux pièces : la première doit être un certificat de naissance délivré par le Directeur de l'état civil du Québec ou par l'autorité civile compétente ailleurs au Canada, un certificat de citoyenneté canadienne, une attestation légale du statut de citoyen canadien ou de résident permanent au Canada, ou un passeport canadien ; la deuxième peut être la carte d'assurance maladie.

L'ACQUISITION DE CONNAISSANCES THÉORIQUES

Il est essentiel d'acquérir des connaissances théoriques pour obtenir un permis de conduire. La personne doit connaître les principales règles du *Code de la sécurité routière*, la signalisation routière ainsi que les techniques de la conduite d'un véhicule de promenade. Pour y parvenir, elle peut :

- étudier les documents de référence, soit le présent guide, mis à la disposition des nouveaux conducteurs pour apprendre les techniques de conduite et le manuel *Conduire un véhicule de promenade* vendus aux Publications du Québec et dans les librairies ;
- suivre un cours de conduite.

LE CHOIX D'UNE ÉCOLE DE CONDUITE

L'inscription à un cours de conduite est facultative. Toutefois, pour un candidat qui réussit le cours offert par une école reconnue par le CAA-Québec ou la Ligue de sécurité du Québec, le *Code de la sécurité routière* prévoit une diminution de la période d'apprentissage minimale de conduite, soit de 12 à 8 mois. Il peut alors se présenter à l'examen pratique de la Société 8 mois après avoir obtenu son permis d'apprenti conducteur.

Pour tout renseignement sur les écoles de conduite reconnues, on peut s'adresser à :

CAA-Québec
444, rue Bouvier
Québec (Québec) G2J 1E3
Montréal : (514) 861-7575
Ailleurs au Québec : 1 800 924-0708

Ligue de sécurité du Québec
Association québécoise du transport et des routes
533, rue Ontario Est, bureau 206
Montréal (Québec) H2L 1N8
Montréal : (514) 523-6444

LE PERMIS D'APPRENTI CONDUCTEUR

L'obtention d'un permis d'apprenti conducteur est une condition préalable à l'apprentissage sur la route.

Ce permis est délivré lorsque l'apprenti satisfait aux exigences suivantes :

- remplir la déclaration sur l'état de santé fournie par la Société et satisfaire aux exigences médicales ;
- réussir le test visuel de la Société ;

- réussir l'examen portant sur les connaissances théoriques. Cette vérification des connaissances porte sur le *Code de la sécurité routière* et la signalisation routière; elle comporte également une partie décrivant spécifiquement les techniques de conduite d'un véhicule de promenade.

En cas d'échec, une reprise est possible. L'apprenti reprend uniquement la ou les parties de l'examen auxquelles il a échoué. Un délai minimal de 7 jours est toutefois imposé avant la reprise de l'examen.

LA PRATIQUE DE LA CONDUITE

Après avoir obtenu un permis d'apprenti conducteur, le titulaire peut alors développer les habiletés nécessaires à la conduite d'un véhicule de promenade sur le réseau routier.

Au cours de cette période d'apprentissage, le titulaire d'un permis d'apprenti conducteur qui désire circuler sur le réseau routier doit être accompagné d'une personne ayant, depuis au moins deux ans, un permis de conduire valide autorisant la conduite d'un véhicule de promenade. L'accompagnateur doit être assis à côté de l'apprenti conducteur et être en mesure de lui fournir aide et conseil. Il est à noter qu'un titulaire d'un permis probatoire ne peut pas accompagner l'apprenti conducteur.

Pendant la période d'apprentissage, le titulaire d'un permis d'apprenti conducteur est assujetti à un régime de sanctions particulier. La limite des points d'inaptitude est fixée à 4 points et il est interdit de conduire après avoir consommé de l'alcool. En effet, aucune trace d'alcool ne doit se retrouver dans le sang; c'est ce qui est communément appelé la règle du zéro alcool.

L'EXAMEN PRATIQUE

Pour être admissible à l'examen pratique, le candidat doit obligatoirement avoir été titulaire d'un permis d'apprenti conducteur pendant au moins 12 mois, ou 8 mois s'il a réussi avec succès un cours de conduite offert par une école reconnue.

Lors de l'examen pratique, la Société vérifie si le candidat met en pratique les connaissances sur la sécurité routière et s'il possède les habiletés nécessaires à la conduite d'un véhicule. Le candidat est alors appelé à exécuter les manœuvres relatives à la conduite d'un véhicule sur le réseau routier : il aura notamment à démontrer qu'il est en mesure de circuler en ligne droite, de franchir une courbe, de s'immobiliser ou de franchir une intersection, d'exécuter des virages, de faire des changements de voies et de faire marche arrière.

Pour réussir l'examen pratique, le candidat devra, dans l'exécution de ces manœuvres :

- faire preuve d'un grand respect des règles de la circulation ;
- démontrer sa faculté d'adaptation à des situations de conduite variées ;
- démontrer qu'il maîtrise les techniques permettant de réaliser, de façon sécuritaire, les manœuvres relatives à la conduite d'un véhicule ;
- tenir compte des consignes données par l'évaluateur.

En cas d'échec, un délai minimal de 21 jours est imposé pour la reprise de l'examen.

L'OBTENTION D'UN PERMIS

Une fois l'examen pratique réussi, l'apprenti conducteur obtient un permis probatoire s'il est âgé de 16 à 24 ans, ou son permis de conduire s'il est âgé de 25 ans ou plus.

Dans un point de service, un permis provisoire sur support papier, constitué de la confirmation de service reçu, est remis au conducteur. Celui-ci doit conserver en sa possession ce document jusqu'à ce qu'il reçoive par la poste, à son adresse principale, son permis plastifié avec photo. Ce dernier devrait lui parvenir dans les 10 jours suivant la transaction. À la réception de son permis avec photo, le conducteur doit s'assurer de détruire le permis provisoire.

••• Le permis probatoire •••

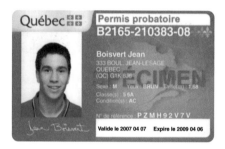

Le titulaire d'un permis probatoire doit acquérir une expérience de conduite de 24 mois. À la fin de cette période, ou dès qu'il atteint l'âge de 25 ans à l'intérieur de cette période probatoire, il peut obtenir son permis de conduire en se présentant dans l'un des points de service de la Société de l'assurance automobile du Québec.

Pendant cette période, le régime de sanctions du permis probatoire demeure le même que celui du permis d'apprenti conducteur, soit aucune consommation d'alcool (zéro alcool) et une limite de 4 points d'inaptitude. En outre, le titulaire de ce permis ne peut pas accompagner une autre personne dans l'apprentissage de la conduite d'un véhicule routier.

••• Le permis de conduire •••

Pour recevoir son permis de conduire, le nouveau conducteur doit payer les frais fixés par règlement; ces derniers comprennent les droits versés au ministère des Finances du Québec, des frais d'administration ainsi qu'une contribution d'assurance.

Le titulaire d'un permis de conduire ne doit pas conduire un véhicule avec un taux d'alcool supérieur à .08 (80 mg d'alcool par 100 millilitres de sang) et ne pas atteindre 15 points d'inaptitude, ce qui entraînerait le retrait de son permis de conduire.

LES CLASSES DE PERMIS

Au Québec, il existe 12 classes de permis et chacune donne le droit de conduire une catégorie de véhicules utilisés sur le réseau québécois.

Lorsqu'une personne devient titulaire d'un permis de conduire d'une classe donnée, l'autorisation de conduire des véhicules d'autres classes lui est généralement accordée, tel qu'il est indiqué dans le tableau qui suit, sous les rubriques « classes incluses ».

POUR OBTENIR UNE CLASSE ADDITIONNELLE

Une personne ne peut passer automatiquement d'une classe à une autre. Avant de faire une demande pour une classe, elle doit s'assurer de répondre aux exigences requises. En effet, certaines classes requièrent une expérience de conduite sur route s'étalant sur une période de un à trois ans ou un rapport d'état de santé satisfaisant rempli par un professionnel de la santé.

Lorsqu'elle se présentera dans un centre de service de la Société de l'assurance automobile du Québec, elle devra aussi réussir un test visuel, les examens de compétence qui évaluent ses connaissances théoriques et démontrer ses habiletés de conduite lors d'un examen pratique.

Quelques classes exigent également que le titulaire possède un permis d'apprenti conducteur ou un permis probatoire pendant une période déterminée.

Ces principales exigences sont présentées dans le tableau suivant.

Pour obtenir toutes les précisions voulues sur l'obtention d'une autre classe, la personne peut se procurer des brochures spécifiques à la classe désirée dans un centre de service de la Société de l'assurance automobile, communiquer avec son service de l'information à la clientèle (1 800 361-7620) ou consulter son site Internet (www.saaq.gouv.qc.ca).

LES CLASSES DE PERMIS AUTORISANT LA CONDUITE DE DIVERS VÉHICULES

CLASSES	Véhicules autorisés	Exigences
1	Ensembles de véhicules routiers, soit : • un tracteur semi-remorque : un tracteur routier (camion ne comportant aucun espace de chargement et équipé en permanence d'une sellette d'attelage) tirant une semi-remorque ; • un camion-remorque : un camion porteur (véhicule autorisé par la classe 3) tirant une remorque dont la masse nette s'élève à 2 000 kg ou plus ; • un train double : un tracteur routier tirant deux semi-remorques. **Classes incluses :** 2, 3, 4A, 4B, 4C, 5, 6D et 8	• Avoir 3 ans d'expérience comme titulaire d'un permis de classe 5, OU 2 ans si le candidat a suivi avec succès une formation reconnue par la SAAQ et comportant 300 heures de conduite d'un ensemble de véhicules sur un chemin public. • Être titulaire d'un permis d'apprenti conducteur de la classe 1 depuis 3 mois ou depuis 1 mois si la personne est inscrite au programme de formation en conduite de camions menant au Diplôme d'études professionnelles du ministère de l'Éducation du Québec.
2	Autobus aménagé pour le transport de plus de 24 passagers à la fois. **Classes incluses :** 3, 4A, 4B, 4C, 5, 6D et 8	• Avoir été titulaire d'un permis de classe 5 depuis 2 ans. • Être titulaire d'un permis d'apprenti conducteur de la classe 2 depuis 3 mois.

CLASSES		Véhicules autorisés	Exigences
3		Camion porteur aménagé pour le transport de marchandises diverses, soit: • un camion comptant trois essieux ou plus; ou • un camion comptant deux essieux et présentant une masse nette de 4 500 kg ou plus. **Classes incluses:** 4A, 4B, 4C, 5, 6D et 8	• Avoir été titulaire d'un permis de classe 5 depuis 2 ans. • Être titulaire d'un permis d'apprenti conducteur de la classe 3 depuis 3 mois.

Particularités des permis de classe 1, 2 ou 3[1]:

Conditions d'obtention du permis d'apprenti conducteur

• avoir cumulé moins de 4 points d'inaptitude à son dossier de conduite;

• n'avoir aucune révocation ou suspension, pour des points d'inaptitude ou pour des infractions au *Code criminel*, au cours des 2 dernières années;

• fournir au préalable un rapport d'état de santé satisfaisant rempli par un médecin.

Examens requis

Réussir un test visuel, un examen théorique, un examen pratique portant sur la vérification avant départ et un examen pratique sur la conduite du véhicule concerné.

Mentions associées aux permis de classe 1, 2 ou 3

Le conducteur ayant un permis de classe 1, 2 ou 3 doit aussi avoir obtenu d'une mention spécifique pour avoir le droit de conduire certains véhicules. Ces mentions sont inscrites sur le permis, soit :

- la mention «F», qui permet de conduire un véhicule lourd équipé d'un système de freinage pneumatique ;
- la mention «M», qui permet de conduire un véhicule lourd équipé d'une transmission manuelle ;
- la mention «T», qui permet de conduire un train double d'une longueur hors norme faisant l'objet d'un permis spécial de circulation d'un train routier. À noter que cette mention peut être obtenue uniquement par un titulaire d'un permis de classe 1 depuis au moins 5 ans.

Pour obtenir une de ces mentions, il sera également nécessaire de réussir les examens requis.

---

1. Pour avoir l'information supplémentaire sur l'obtention d'une de ces classes, la personne peut se procurer la brochure *Bientôt au volant d'un véhicule lourd,* dans un centre de service de la Société de l'assurance automobile du Québec, communiquer avec son service à la clientèle (1 800 361-7620) ou consulter son site Internet (www.saaq.gouv.qc.ca).

CLASSES		Véhicules autorisés	Exigences
4A		Véhicule d'urgence (ex. : une ambulance, un véhicule de police ou un véhicule routier de service d'incendie). **Classes incluses :** 4B, 4C, 5, 6D et 8	• 2 ans d'expérience de conduite comme titulaire d'un permis de conduire de classe 5 ou être titulaire d'un permis de classe 5 et avoir réussi un cours de conduite d'un véhicule d'urgence offert par l'Institut de police du Québec ou son équivalent. • Fournir au préalable un rapport d'état de santé satisfaisant rempli par un médecin. • Réussir le test visuel et l'examen théorique.
4B		Minibus : véhicule automobile comptant 2 essieux à roues simples et, au plus, 5 rangées de sièges, ou autobus aménagé pour le transport de 24 passagers ou moins à la fois. **Classes incluses :** 4C, 5, 6D et 8	• 1 an d'expérience de conduite comme titulaire d'un permis de la classe 5. • Fournir au préalable un rapport d'état de santé satisfaisant rempli par un médecin. • Réussir le test visuel et l'examen théorique.

CLASSES	Véhicules autorisés	Exigences
4C	Taxi **Classes incluses :** 5, 6D et 8	• 1 an d'expérience de conduite comme titulaire d'un permis de la classe 5. • Fournir au préalable un rapport d'état de santé satisfaisant rempli par un médecin. • Ne pas avoir été condamné depuis cinq ans pour un acte criminel lié à l'exploitation du transport par taxi. • Être titulaire d'un permis de chauffeur de taxi prévu par la *Loi concernant les services de transport par taxi* et son règlement. Pour plus de renseignements sur les exigences relatives à la conduite d'un taxi, le *Guide du chauffeur de taxi québécois* peut être obtenu auprès du ministère des Transports du Québec. • Réussir le test visuel et l'examen théorique.

CLASSES		Véhicules autorisés	Exigences
5		• Véhicule de promenade (automobile ou fourgonnette) ou camion, ayant 2 essieux et dont la masse nette est inférieure à 4 500 kg; • Véhicule aménagé de façon permanente en logement; • Véhicule-outil : véhicule routier motorisé dont le poste de travail est intégré au poste de conduite du véhicule. Il est fabriqué uniquement pour accomplir un travail et construit pour circuler à une vitesse maximale de 70 km/h; • Véhicule de service : véhicule agencé pour l'approvisionnement, la réparation ou le remorquage des véhicules routiers. Peut également être conduit tout véhicule visé par cette classe auquel est attelé une remorque ou, dans le cas d'un véhicule aménagé en logement, un autre véhicule. **Classes incluses :** 6D, 8	• Être âgé de 16 ans ou plus. La personne mineure doit fournir le consentement écrit du titulaire de l'autorité parentale. • Être titulaire d'un permis d'apprenti conducteur depuis 12 mois, ou depuis 8 mois si la personne a réussi un cours d'une école de conduite reconnue par la Société. • Réussir le test visuel et les examens théorique et pratique. • Être titulaire d'un permis probatoire pendant 24 mois ou jusqu'à ce que la personne atteigne l'âge de 25 ans.
6A		Toute motocyclette. **Classes incluses :** 6B, 6C, 6D, 8	Voir plus bas

CLASSES		Véhicules autorisés	Exigences
6B		Motocyclette dont la cylindrée est de 400 cm^3 ou moins. **Classes incluses :** 6C, 6D, 8	Voir plus bas
6C		Motocyclette dont la cylindrée est de 125 cm^3 ou moins. **Classes incluses :** 6D, 8	Voir plus bas

EXIGENCES POUR CONDUIRE UNE MOTOCYCLETTE (Classes de permis 6A, 6B, 6C)

Pour obtenir un permis de conduire autorisant la conduite d'une motocyclette, la personne doit passer par différentes étapes et répondre aux exigences requises pour chacune.

Obtention d'un PERMIS D'APPRENTI DE LA CLASSE 6R – permis autorisant la conduite d'une motocyclette uniquement lors d'un cours de conduite ou lors d'un examen de la Société.

- Être âgé de 16 ans ou plus. La personne mineure doit fournir le consentement écrit du titulaire de l'autorité parentale.

- Réussir le test visuel et les examens théoriques portant sur le *Code de la sécurité routière*, la signalisation et les techniques de conduite d'une moto (délai de reprise de 28 jours en cas d'échec).

Obtention d'un PERMIS D'APPRENTI CONDUCTEUR DE LA CLASSE 6A – **permis autorisant la conduite d'une motocyclette en présence d'un accompagnateur qui circule sur une autre motocyclette.**

- Avoir réussi le cours de conduite offert par une école reconnue par le CAA-Québec ou la Ligue de sécurité du Québec.
- Être titulaire d'un permis d'apprenti de la classe 6R depuis 1 mois.
- Réussir l'examen pratique en circuit fermé (délai de reprise de 14 jours en cas d'échec).

Obtention du PERMIS DE CONDUIRE POUR LES CLASSES 6A, 6B OU 6C.

- Être titulaire du permis d'apprenti de la classe 6A depuis 7 mois.
- Réussir l'examen pratique sur route avec le type de motocyclette correspondant au permis demandé (délai de reprise de 56 jours en cas d'échec).
- Être titulaire, si la personne n'a pas de permis de conduire de classe 5, d'un permis probatoire pendant 24 mois ou jusqu'à ce que la personne atteigne l'âge de 25 ans (pendant cette période, le nouveau motocycliste est soumis au zéro alcool et à une limite de 4 points d'inaptitude).

CLASSES		Véhicules autorisés	Exigences
6D		Cyclomoteur	• Être âgé de 14 ans ou plus. La personne mineure doit fournir le consentement écrit du titulaire de l'autorité parentale. • Se procurer le *Guide de conduite d'un cyclomoteur*, dans les centres de service de la Société. • Réussir le test visuel et l'examen théorique.
8		Tracteur de ferme	• Être âgé de 16 ans ou plus. La personne mineure doit fournir le consentement écrit du titulaire de l'autorité parentale. • Réussir le test visuel et l'examen théorique.

LES EXIGENCES RELATIVES À LA SANTÉ DU CONDUCTEUR

Pour conduire un véhicule routier de façon sécuritaire, il ne suffit pas que la personne ait acquis des connaissances en sécurité routière et développé des habiletés ; il faut également qu'elle soit dans un état de santé compatible avec le type de véhicule et l'usage qu'il en est fait.

Certaines maladies, déficiences ou situations sont incompatibles avec la conduite sécuritaire d'un véhicule routier. Le *Règlement sur les conditions d'accès à la conduite d'un véhicule routier relatives à la santé des conducteurs* en fait la description. Parmi les plus répandues, retenons les maladies et déficiences des yeux, les maladies cardio-vasculaires, les maladies et déficiences mentales, l'alcoolisme, la toxicomanie ou la consommation de médicaments, l'épilepsie, le diabète, les maladies rénales ou respiratoires.

Au moment d'obtenir ou de renouveler son permis, toute personne doit signaler à la Société de l'assurance automobile du Québec les problèmes de santé qui peuvent avoir des effets sur sa conduite. À cette fin, elle doit remplir et signer la déclaration de maladie ou de déficit fonctionnel. Elle doit également signaler tout changement de son état de santé dans les 30 jours suivant ce changement.

L'état de santé d'une personne peut entraîner le refus d'obtenir un permis, le refus ou le retrait d'une classe de permis ou la restriction des privilèges accordés. Néanmoins, la situation la plus fréquente est celle où la Société peut accorder un permis assorti de conditions, notamment pour les raisons suivantes :

- exiger que le conducteur porte des lunettes, des lentilles cornéennes ou des prothèses auditives ;
- faciliter la conduite d'un véhicule routier par l'installation d'équipement ;
- limiter la période, la durée ou le territoire de conduite ;
- limiter les catégories de véhicules ;
- exiger que le titulaire conduise en présence d'un autre conducteur ;
- permettre à une personne de conduire uniquement un véhicule routier muni d'un dispositif détecteur d'alcool.

Ainsi, une ou plusieurs des conditions suivantes peuvent paraître sur le permis de conduire :

A	Doit porter des lunettes ou des lentilles cornéennes
B	Doit conduire le jour uniquement
C	Doit porter un appareil auditif pour conduire
G	Doit subir un examen ou une évaluation sur sa santé à chaque renouvellement
H	Doit conduire un véhicule dont la masse nette est inférieure à 2 500 kg
I	Doit conduire un véhicule muni d'un antidémarreur éthylométrique (dispositif détecteur d'alcool)
J	Doit conduire un véhicule muni d'une transmission automatique
K	Doit conduire un véhicule muni d'une servodirection
L	Doit conduire un véhicule muni d'un servofrein
N	Doit porter un harnais de sécurité pour conduire
P	Doit conduire un véhicule muni de commandes manuelles
Q	Doit conduire un véhicule muni de feux-codes manuels
R	Doit conduire un véhicule muni d'un accélérateur à gauche
S	Est sujet aux conditions médicales énumérées sur le permis
V	Doit conduire un véhicule muni de commandes adaptées au handicap

La Société peut exiger du titulaire d'un permis un examen de compétence ou une évaluation sur sa santé dans l'un ou l'autre des cas suivants :

- il a atteint l'âge de 70 ans ;
- son permis l'autorise à conduire un tracteur semi-remorque, camion-remorque, un camion porteur, un train routier, un autobus ou un minibus, un véhicule d'urgence ou un taxi ;
- il n'a pas subi d'examen ou d'évaluation depuis dix ans ;
- la Société a des motifs raisonnables de vérifier son état de santé ou son comportement de conducteur.

Des examens de compétence, soit un test théorique ou pratique, peuvent être exigés de toute personne qui demande de modifier une classe de son permis. Une évaluation sur la santé de la personne peut être exigée avant la modification d'une des conditions figurant sur le permis.

La Société peut également exiger qu'un titulaire fournisse un rapport d'évaluation médicale ou optométrique à différentes fréquences lorsqu'une maladie ou une déficience nécessite un suivi périodique.

La Société peut suspendre un permis ou une classe de permis lorsque le titulaire :

- fait une fausse déclaration ou ne déclare pas ses problèmes de santé ;
- refuse de se soumettre à un examen ou une évaluation sur sa santé ou omet de remettre le rapport d'un tel examen ;
- refuse de se soumettre à un examen de compétence ou y échoue ;
- est atteint d'une maladie ou d'une déficience de nature à constituer un danger pour la sécurité routière.

LES OBLIGATIONS DU CONDUCTEUR

La personne qui conduit sur la voie publique doit être titulaire d'un permis valide, dûment signé, et l'avoir avec elle. Elle doit respecter les conditions dont le permis est assorti. Si la personne conduit un véhicule sans être titulaire d'un permis de la classe appropriée, un agent de la paix pourra saisir le véhicule pour une période de trente jours.

Tout conducteur doit également avoir avec lui les documents relatifs au véhicule, c'est-à-dire :

- le certificat d'immatriculation valide et dûment signé ;
- l'attestation d'assurance ou de solvabilité valide ;
- le contrat de location (original ou copie) dans le cas d'un véhicule loué pour moins d'un an ;
- la preuve écrite de la durée du prêt s'il s'agit d'un véhicule prêté par un commerçant.

Tout conducteur ou propriétaire de véhicule qui ne possède pas d'assurance-responsabilité et qui est impliqué dans un accident provoquant des dommages matériels de plus de 500 dollars voit son permis de conduire, d'apprenti conducteur ou probatoire suspendu. Il lui est également interdit de mettre en circulation tout véhicule routier immatriculé à son nom, jusqu'à ce qu'il fournisse à la Société une garantie ou une preuve de règlement des dommages.

L'obligation d'avoir en sa possession certains documents n'est pas seulement pour les déplacements sur la voie publique ; certains sont aussi exigés sur les chemins privés ouverts à la circulation publique, sur les chemins forestiers et sur les terrains commerciaux.

Pour les titulaires d'un permis de classes 1, 2 et 3, d'autres pièces peuvent également être requises, dont la fiche journalière des heures de conduite, de travail et de repos, le rapport de vérification avant départ ainsi que certains certificats en fonction du chargement ou des services effectués.

Ces pièces requises doivent être remises à un agent de la paix qui en fait la demande.

UN DOCUMENT UNIQUE

Il est interdit d'être titulaire de plus d'un permis de conduire, d'un permis probatoire ou d'un permis d'apprenti conducteur délivré par la Société de l'assurance automobile du Québec ou par une autre Administration au Canada ou aux États-Unis. De même, il est interdit de prêter un permis à une autre personne ou de fournir un renseignement faux ou trompeur pour en obtenir un.

LA BONNE ADRESSE

L'adresse qui paraît sur le permis doit être celle de sa résidence principale. Lors de tout changement d'adresse, le titulaire doit en aviser la Société. Celle-ci lui transmettra une confirmation de changement d'adresse et le titulaire devra la conserver avec son permis.

Sous peine des sanctions prévues au *Code de la sécurité routière*, tout conducteur doit informer la Société de tout changement d'adresse dans les 30 jours, soit en se présentant dans un centre de service, en utilisant la poste ou en téléphonant au numéro 1 800 361-7620.

LE REMPLACEMENT DU PERMIS

Lorsqu'un permis est illisible, endommagé, perdu, détruit, volé ou si un renseignement devient erroné, le titulaire doit en demander le remplacement à la Société. Le nouveau permis est délivré moyennant certains frais et le titulaire doit présenter deux pièces d'identité valides.

LE RENOUVELLEMENT DU PERMIS

Même si la durée du permis plastifié avec photo est de quatre ans, le privilège de conduire n'est valide que pour deux ans ; pour le conserver, le titulaire doit acquitter les sommes fixées par règlement même en l'absence de l'avis de paiement expédié par la Société. La portion des frais relatifs à la contribution d'assurance est établie en fonction du nombre de points d'inaptitude inscrits au dossier de conduite du titulaire. À défaut de paiement, le titulaire ne peut conduire un véhicule routier. Ne pas respecter cette obligation constitue une infraction entraînant, entre autres sanctions, une amende minimale de 300 $.

Par ailleurs, lorsque le permis est échu depuis trois ans ou plus, la personne devra réussir les examens théorique et pratique pour obtenir à nouveau un permis de conduire.

LA DÉCLARATION DE L'ÉTAT DE SANTÉ

Le titulaire d'un permis doit déclarer ses maladies et déficiences lorsque la Société lui demande de fournir des renseignements sur son état de santé et remplir le formulaire prévu à cette fin, entre autres, lors de l'obtention ou du renouvellement du permis. Il doit également informer la Société de tout changement concernant son état de santé.

LES OBLIGATIONS DES PERSONNES PROVENANT DE L'EXTÉRIEUR DU QUÉBEC

LES PERSONNES NOUVELLEMENT ÉTABLIES AU QUÉBEC

Toute personne, titulaire d'un permis de conduire valide, qui s'établit au Québec pour y résider peut, dans les 90 jours de son établissement, conduire un véhicule de promenade sans avoir obtenu un permis du Québec.

Après ce délai, le permis du Québec doit être obtenu, avec ou sans examen de compétence :

- Le titulaire d'un permis de conduire valide équivalent à la classe 5 (véhicule de promenade), qui s'est établi au Québec et qui provient d'une province ou d'un territoire canadien, des États-Unis, de la Belgique, de la République de Corée, de la France, du Japon ou de certains pays membres de l'OCDE, peut obtenir, sans examen de compétence, un permis de classe 5 délivré par la Société.

• Cependant, si la personne qui s'est établie au Québec provient d'un pays non identifié précédemment, les conditions sont différentes selon le nombre d'années de possession d'un permis de conduire valide équivalent à celui de la classe 5 :

– si elle en est titulaire depuis au moins un an au moment de son établissement au Québec, elle doit réussir l'examen théorique et l'examen pratique pour obtenir un permis délivré par la Société ;

– si elle est titulaire de son permis depuis moins d'un an, celui-ci n'est pas reconnu par la Société ; elle doit donc se conformer aux mêmes exigences que toute personne qui désire obtenir un premier permis de conduire.

Pour obtenir des précisions concernant les modalités d'échange de permis de conduire, on peut communiquer avec les services de l'information à la clientèle de la Société (514 954-7771 ou 1 888 356-6616) ou encore consulter son site Internet à l'adresse suivante : www.saaq.gouv.qc.ca

LES PERSONNES NON RÉSIDENTES EN PROVENANCE DE L'EXTÉRIEUR DU QUÉBEC

Toute personne de l'extérieur du Québec peut conduire au Québec pendant une période d'au plus six mois consécutifs sans être titulaire d'un permis délivré par la Société de l'assurance automobile. Toutefois, elle doit être titulaire d'un permis de conduire valide, délivré par une autorité administrative qui accorde le même droit aux résidents du Québec, conduire seulement les véhicules visés par son permis et respecter les conditions qui y sont rattachées.

L'étudiant, le coopérant ou le stagiaire inscrit dans un établissement d'enseignement du Québec est dispensé de la nécessité d'obtenir un permis du Québec pour la conduite d'un véhicule de promenade pendant la durée de ses études ou de son stage, à la condition toutefois que son permis ait été délivré par une autorité administrative accordant le même droit aux résidents du Québec.

Tout titulaire d'un permis de conduire international délivré dans son pays peut conduire, pendant la période de validité de ce permis, les véhicules routiers autorisés par son permis de conduire. Le permis de conduire international doit toujours être accompagné du permis de conduire original et celui-ci doit être valide.

LES RÉVOCATIONS ET LES SUSPENSIONS

Révoquer un permis veut dire le rendre invalide. La personne qui voit son permis faire l'objet d'une révocation perd son droit de conduire un véhicule routier. Pour obtenir un nouveau permis, il faut respecter les conditions prévues au *Code de la sécurité routière*.

Suspendre un permis veut dire y mettre fin de façon temporaire. Suspendre le droit d'une personne d'obtenir un permis signifie que la Société de l'assurance automobile du Québec ne peut lui en délivrer aucun pendant une période déterminée.

Une révocation, une suspension du permis ou du droit d'en obtenir un peut survenir à la suite:

- d'une amende non payée pour une infraction au *Code de la sécurité routière* ou à un règlement municipal relatif à la circulation ou au stationnement.

- d'une accumulation de points d'inaptitude découlant d'infractions au *Code de la sécurité routière*;

- d'une condamnation pour une infraction au *Code criminel* liée à la conduite d'un véhicule routier.

Il est important de noter que la Société est informée des infractions commises dans une province canadienne ou dans un État américain qui a conclu une entente de réciprocité avec le Québec. Ces infractions entraînent l'inscription de points d'inaptitude au dossier du conducteur, comme si elles avaient été commises au Québec.

LA SUSPENSION POUR AMENDE NON PAYÉE

Lorsqu'un conducteur ne paie pas les amendes reçues à la suite d'une infraction au *Code de la sécurité routière* ou à un règlement municipal relatif à la circulation ou au stationnement, la Société suspend son permis d'apprenti conducteur, son permis probatoire ou son permis de conduire, ou suspend son droit de l'obtenir s'il n'est pas titulaire d'un permis. Cette suspension est appliquée en fonction du *Code de procédure pénale* et demeure en vigueur tant que la Société n'a pas reçu un avis l'informant que cette amende a été réglée. Pendant la durée de la suspension, il est formellement interdit au contrevenant de conduire un véhicule. Si la personne ne respecte pas cette interdiction, un agent de la paix peut saisir le véhicule qu'elle conduit pour une période de trente jours. Ce conducteur ne pourra ni acheter, ni louer à long terme un véhicule routier. Il ne pourra non plus vendre ou céder un véhicule qui lui appartient. Enfin, personne ne pourra circuler avec un véhicule immatriculé à son nom.

LES POINTS D'INAPTITUDE

La Société de l'assurance automobile du Québec inscrit des points d'inaptitude au dossier des conducteurs qui commettent certaines infractions au *Code de la sécurité routière*, à une loi ou à un règlement ayant trait à la sécurité routière. Elles sont présentées dans le tableau suivant.

INFRACTIONS	Nombre de points
Pour tout conducteur	
Vitesse supérieure à une limite prescrite ou indiquée sur une signalisation	
• excès de 11 à 20 km/h	1
• excès de 21 à 30 km/h	2
• excès de 31 à 45 km/h	3
• excès de 46 à 60 km/h	5
• excès de 61 à 80 km/h	7
• excès de 81 à 100 km/h	9
• excès de 101 à 120 km/h	12
• excès de 121 km/h ou plus	15 ou plus

INFRACTIONS	Nombre de points
Accélération lors d'un dépassement par un autre véhicule	2
Défaut de respecter la priorité accordée aux piétons et aux cyclistes à une intersection	2
Défaut de respecter la priorité accordée aux véhicules qui circulent en sens inverse	2
Dépassement d'une bicyclette sans espace suffisant sur la voie de circulation	2
Distance imprudente entre véhicules	2
Freinage brusque sans nécessité	2
Vitesse trop grande par rapport aux conditions atmosphériques ou environnementales	2
Dépassement prohibé par la droite	3
Dépassement prohibé par la gauche	3
Franchissement prohibé d'une ligne de démarcation de voie	3
Marche arrière prohibée	3
Omission d'arrêter avant d'effectuer un virage à droite sur feu rouge (là où le virage à droite sur feu rouge est permis)	3
Omission de se conformer à un arrêt obligatoire à un passage à niveau	3
Omission de se conformer à un feu rouge ou à un panneau d'arrêt	3
Omission de se conformer à des ordres ou signaux d'un agent de la paix, d'un brigadier scolaire ou d'un signaleur	3
Omission de porter le casque protecteur (motocyclistes ou cyclomotoristes)	3
Omission de porter la ceinture de sécurité	3

INFRACTIONS	Nombre de points
Dépassement prohibé sur la voie réservée à la circulation en sens inverse	4
Dépassements successifs en zigzag	4
Vitesse ou action imprudente	4
Conduite pour un pari, un enjeu ou une course	6
Conduite interdite d'un véhicule transportant des matières dangereuses dans un tunnel	9
Manquement à un devoir de conducteur impliqué dans un accident	9
Omission d'arrêter à l'approche d'un autobus scolaire ou d'un minibus scolaire dont les feux intermittents sont en marche ou qui fait usage de son signal d'arrêt obligatoire OU croisement ou dépassement prohibé d'un tel véhicule	9
Omission d'arrêter à un passage à niveau en conduisant un autobus, un minibus ou un véhicule lourd transportant certaines catégories de matières dangereuses OU remise en marche prohibée d'un tel véhicule	9
Pour les titulaires d'un permis d'apprenti conducteur, d'un permis probatoire ou d'un permis autorisant uniquement la conduite d'un véhicule muni d'un dispositif détecteur d'alcool. Également, pour toute personne âgée de moins de 25 ans et titulaire d'un permis autorisant uniquement la conduite d'un cyclomoteur ou d'un tracteur de ferme depuis moins de 5 ans.	
Conduite en présence d'alcool dans l'organisme	4
Omission de fournir un échantillon d'haleine	4
Conduite sans la présence d'un accompagnateur (pour les titulaires d'un permis d'apprenti conducteur seulement)	4

L'ACCUMULATION DE POINTS D'INAPTITUDE

Lorsqu'un titulaire d'un permis d'apprenti conducteur ou probatoire a accumulé 4 points d'inaptitude ou plus, la Société suspend son permis et lui achemine un avis l'informant de sa situation.

Par ailleurs, pour le titulaire d'un permis de conduire, dès que sept points d'inaptitude ou plus sont inscrits à son dossier, la Société lui transmet un avis l'en informant. Un nouvel avis lui sera acheminé à chaque ajout de points. Lorsque le nombre de points accumulés atteint 15 ou plus, son permis de conduire est révoqué ou le droit d'en obtenir un est suspendu, qu'il ait ou non reçu les avis de la part de la Société.

La personne dont le permis de conduire est révoqué doit, à la demande de la Société, lui retourner son permis dans les dix jours suivant la date d'entrée en vigueur de la révocation, à défaut de quoi elle est passible d'une amende variant de 300 $ à 600 $.

Les conducteurs de véhicules lourds visés par la *Loi concernant les propriétaires et exploitants de véhicules lourds*, les chauffeurs de taxi et les conducteurs de véhicules d'urgence sont tenus d'informer le responsable du véhicule, le propriétaire du taxi ou du véhicule d'urgence lorsque leur permis de conduire (ou une des classes du permis) a été modifié, suspendu ou révoqué.

DÉLAIS DE RÉOBTENTION

Le conducteur dont le permis de conduire est révoqué ou dont le droit d'en obtenir un est suspendu en raison d'une accumulation de points d'inaptitude ne peut obtenir un nouveau permis qu'après le délai prescrit par le *Code de la sécurité routière*. Ces délais varient selon les types de permis et les limites de points fixés.

À LA SUITE D'UNE ACCUMULATION DE 4 POINTS D'INAPTITUDE

Pour les nouveaux conducteurs, soit :

- les titulaires d'un permis d'apprenti conducteur de classe 5 ou 6A et qui ne sont pas déjà titulaires d'un permis de conduire ;

- les titulaires d'un permis probatoire;
- les titulaires d'un permis de classe 6D (autorisant la conduite d'un cyclomoteur) ou d'un permis de classe 8 (conduite d'un tracteur de ferme), âgés de moins de 25 ans et qui possèdent leur permis depuis moins de 5 ans.

Le Code prévoit une suspension de trois mois de leur permis dès qu'ils auront cumulé 4 points ou plus à leur dossier. Compte tenu que les titulaires de permis probatoire de moins de 25 ans doivent avoir 24 mois d'expérience de conduite avec un permis valide, la durée de leur permis sera prolongée pour tenir compte de la durée de la suspension. À la fin de la sanction, ils devront se présenter dans un centre de service de la Société pour obtenir un nouveau permis et leur droit de conduire comme auparavant.

À LA SUITE D'UNE ACCUMULATION DE 15 POINTS

La révocation ou la suspension du droit d'obtenir un permis est d'une durée de trois, six ou douze mois selon qu'il s'agit de la première, de la deuxième ou de la troisième fois que le titulaire a accumulé 15 points au cours des deux dernières années.

Pour obtenir un nouveau permis de conduire, la personne doit réussir un examen théorique. Elle doit, au préalable, prendre rendez-vous; toutefois, la date sera fixée en tenant compte de la période de révocation qui doit être terminée au moment de l'examen. La personne devra également acquitter les frais d'examen et la somme exigée pour le permis. Il est important de noter que le coût du permis sera majoré puisqu'il tient compte de la contribution d'assurance qui, elle, est établie selon le nombre de points d'inaptitude inscrits au dossier du conducteur.

LES POINTS D'INAPTITUDE ET LE DOSSIER DE CONDUITE

Les points d'inaptitude restent inscrits au dossier pendant les deux années qui suivent la date de la déclaration de culpabilité ou du paiement de l'amende (le fait de payer l'amende équivaut à une déclaration de culpabilité).

Chaque fois que la Société sanctionne le permis d'un conducteur en raison de l'accumulation de points d'inaptitude, elle soustrait les 15 points du dossier, ou les 4 points pour un permis d'apprenti conducteur ou un permis probatoire, selon le cas. Cependant, les points excédant ces nombres continuent d'y apparaître pendant les deux ans qui suivent la date de la dernière condamnation ou du paiement de l'amende.

Ainsi, à titre d'exemple, pour une personne titulaire d'un permis de conduire ayant 14 points d'inaptitude à son dossier, une nouvelle infraction porte le nombre de points à 16. Son permis est alors révoqué et les 15 points qui lui ont valu cette révocation sont rayés de son dossier. Il restera donc un point au dossier, qui s'effacera deux ans après la date de la déclaration de culpabilité pour la dernière infraction.

Aucun point d'inaptitude n'est effacé à l'occasion du renouvellement d'un permis d'apprenti conducteur, probatoire ou de conduire, tout comme lors de la délivrance d'un premier permis ou de l'obtention d'un nouveau permis après une révocation.

LE PERMIS RESTREINT RELIÉ AUX POINTS D'INAPTITUDE

Ce permis peut être obtenu par un conducteur dont le permis a été suspendu ou révoqué en raison d'une première accumulation de points d'inaptitude au cours des deux dernières années (4 points s'il s'agit du permis probatoire ou 15 points d'inaptitude dans le cas du permis de conduire) lorsqu'il a absolument besoin de conduire un véhicule routier dans l'exécution du principal travail dont il tire sa subsistance. Pour obtenir un permis restreint, cette personne doit présenter une requête à un juge de la Cour du Québec et en informer la Société. Au cours de la présentation de la requête, il lui faut cependant prouver au juge la nécessité de la conduite dans le cadre du travail.

Il suffit ensuite de présenter l'ordonnance émise par le juge à la Société de l'assurance automobile du Québec. Celle-ci délivrera alors, sans frais, le permis restreint demandé.

LES INFRACTIONS AU *CODE CRIMINEL*

Une personne reconnue coupable d'une des infractions suivantes au *Code criminel* voit son permis révoqué ou son droit d'en obtenir un suspendu:

- négligence criminelle causant la mort ou des lésions corporelles;
- homicide involontaire;
- conduite dangereuse lorsque le conducteur ne tient pas compte, lors de l'infraction, des circonstances appropriées à la conduite, comme la nature et l'état de l'endroit, l'utilisation appropriée du véhicule, l'intensité de la circulation à ce moment ou raisonnablement prévisible à cet endroit;
- conduite dangereuse causant la mort ou des lésions corporelles;
- refus d'arrêt lors d'une poursuite policière;
- délit de fuite;
- refus de subir l'alcootest ou de fournir un échantillon de sang;
- conduite ou garde d'un véhicule pendant que sa capacité de conduire est affaiblie par l'effet de l'alcool ou d'une drogue;
- conduite ou garde d'un véhicule pendant que sa capacité de conduire est affaiblie par l'effet de l'alcool ou d'une drogue et causant la mort ou des lésions corporelles;
- conduite ou garde d'un véhicule avec un taux d'alcool supérieur à .08 (80 mg d'alcool par 100 millilitres de sang).

Lorsqu'une de ces infractions est commise dans une autre province ou qu'une infraction équivalente l'est dans un État américain avec lequel le Québec a conclu une entente de réciprocité, elle est portée au dossier du conducteur et elle entraîne les mêmes sanctions que si elle avait été commise au Québec.

LES SANCTIONS POUR CONDUITE AVEC LES FACULTÉS AFFAIBLIES PAR L'ALCOOL

Les mesures adoptées face à la conduite avec les facultés affaiblies par l'alcool sont basées sur une approche préventive, c'est-à-dire sur le repérage et l'accompagnement des personnes qui ont de la difficulté à dissocier la consommation d'alcool et la conduite d'un véhicule. Elles sont plus sévères avec les récidivistes, afin d'amener ces conducteurs à modifier leur comportement face à la consommation d'alcool.

RÈGLE DU ZÉRO ALCOOL

En vertu du *Code de la sécurité routière*, les personnes suivantes ne peuvent conduire un véhicule routier, en avoir la garde ou le contrôle s'il y a présence d'alcool dans leur organisme ; la personne :

- qui n'est pas titulaire d'un permis et qui n'a jamais été titulaire d'un permis de conduire autre que celui qui autorise uniquement la conduite d'un cyclomoteur (classe 6D) ou d'un tracteur de ferme (classe 8) ;

- titulaire d'un permis d'apprenti conducteur qui autorise la conduite d'un véhicule de promenade (classe 5) ou d'une motocyclette (classe 6A), à moins qu'elle ait déjà été titulaire d'un permis de conduire comportant une classe autre que 6D ou 8 ;

- titulaire d'un permis probatoire ;
- titulaire d'un permis de conduire qui autorise uniquement la conduite d'un cyclomoteur (classe 6D) ou d'un tracteur de ferme (classe 8), âgé de moins de 25 ans et possédant son permis depuis moins de 5 ans ;
- titulaire d'un permis restreint délivré à la suite de la suspension d'un permis probatoire ;
- titulaire d'un permis qui autorise uniquement la conduite d'un véhicule muni d'un antidémarreur éthylométrique ;
- titulaire d'un permis assorti d'une condition précisant qu'elle ne doit pas avoir consommé d'alcool pour conduire, avoir la garde ou le contrôle d'un véhicule.

SUSPENSION IMMÉDIATE DU PERMIS

Un agent de la paix suspend sur-le-champ, pour une période de 30 jours, le permis ou son droit d'en obtenir un :

- de toute personne soumise à la règle du zéro alcool qui conduit un véhicule routier ou en a la garde ou le contrôle lorsqu'il y a présence d'alcool dans son organisme ;
- de toute personne qui conduit un véhicule routier ou en a la garde ou le contrôle lorsque le taux d'alcool dans son organisme est supérieur à .08 (80 mg d'alcool par 100 millilitres de sang) ;
- de toute personne qui refuse de fournir un échantillon d'haleine ou de sang.

La durée de la suspension, imposée par l'agent de la paix, est de 90 jours si la personne a déjà été déclarée coupable, au cours des 10 dernières années, d'une infraction en relation avec l'alcool au volant.

LA DURÉE DE LA PÉRIODE D'INTERDICTION DE CONDUIRE

Lorsqu'un conducteur est reconnu coupable d'une des infractions au *Code criminel* mentionnée précédemment, un juge peut lui imposer une période d'interdiction de conduire. Celle-ci varie selon le dossier de conduite du contrevenant et la nature de l'infraction.

Les périodes d'interdiction de conduire peuvent s'accompagner d'une amende variant de 600 $ à 2 000 $ pour une première infraction ; elles sont à la discrétion du juge pour les infractions subséquentes. Des peines d'emprisonnement peuvent également être imposées au contrevenant.

Quant au *Code de la sécurité routière*, il prévoit la révocation du permis d'apprenti conducteur, du permis probatoire ou du permis de conduire ainsi que la suspension du droit d'obtenir un de ces permis. La période minimale de révocation ou de suspension du droit d'obtenir un permis est de 1 an, de 3 ou de 5 ans, selon le nombre de fois que le titulaire s'est vu imposer au cours des 10 dernières années une révocation ou une suspension de permis à la suite d'une infraction en relation avec l'alcool au volant.

Si le tribunal impose une période d'interdiction de conduire plus longue que la durée de la révocation en vertu du *Code de la sécurité routière*, la décision du juge aura alors préséance et la période applicable sera celle de l'interdiction de conduire.

LES CONDITIONS DE RÉOBTENTION DU PERMIS

Les personnes dont le permis a été révoqué à la suite d'une condamnation criminelle en relation avec l'alcool au volant sont tenues de remplir des conditions spécifiques avant d'obtenir un nouveau permis. À cet effet, le *Code de la sécurité routière* prévoit :

- lors d'une **première infraction** au cours des 10 dernières années :
  - l'obligation de suivre avec succès un programme d'éducation reconnu par le ministre de la Sécurité publique (programme **Alcofrein**) et destiné à sensibiliser les conducteurs aux problèmes de la consommation d'alcool et à prévenir la récidive ;
  - l'obligation de se soumettre à une **évaluation sommaire** afin de vérifier si le comportement de la personne face à l'alcool est compatible avec la conduite sécuritaire d'un véhicule routier. Cette évaluation doit être faite par une personne dûment autorisée qui travaille dans un centre ou un service de réadaptation pour personnes alcooliques ou toxicomanes.

Si cette évaluation est favorable, la personne pourra obtenir un permis à la fin de sa période de révocation.

Par contre, si cette évaluation est défavorable, la personne devra se soumettre à une **évaluation complète** (même processus que pour le récidiviste). De plus, une fois ce processus complété, lorsqu'elle voudra obtenir un nouveau permis, elle aura l'obligation de conduire uniquement un véhicule muni d'un **antidémarreur** éthylométrique (ou dispositif détecteur d'alcool, comme décrit plus loin) pour une période de **un an**;

- lors d'une **récidive** à l'intérieur d'une période de 10 ans :
  - l'obligation de se soumettre à une **évaluation complète**, d'une durée de 7 à 9 mois, visant à rendre son rapport avec l'alcool compatible avec la conduite sécuritaire d'un véhicule. Cette évaluation devra démontrer clairement, à la satisfaction de la Société, que ses habitudes de consommation d'alcool ne compromettent pas la conduite sécuritaire d'un véhicule, avant qu'il puisse obtenir un nouveau permis. Cette évaluation doit être faite par une personne dûment autorisée qui travaille dans un centre ou un service de réadaptation pour personnes alcooliques ou toxicomanes;
  - son véhicule devra obligatoirement être muni d'un **antidémarreur** éthylométrique, pour une période de 2 ans s'il s'agit d'une deuxième condamnation, ou de 3 ans à la suite d'une troisième condamnation ou plus.

Les coûts d'inscription au programme Alcofrein et ceux qui sont associés à l'évaluation sommaire et à l'évaluation complète sont assumés par les participants.

LES PERMIS NÉCESSITANT L'UTILISATION D'UN ANTIDÉMARREUR ÉTHYLOMÉTRIQUE (DISPOSITIF DÉTECTEUR D'ALCOOL)

1. Après la période d'interdiction de conduire prononcée par le tribunal, le conducteur **peut** demander à la Société de lui délivrer un permis restreint qui sera valide jusqu'à la fin de la période de révocation du permis de conduire imposée par le *Code de la sécurité routière.* Un contrevenant peut également demander un permis restreint pendant la période d'interdiction de conduire si le tribunal a accordé une autorisation à ce sujet. Ce permis restreint l'autorise à conduire un véhicule à la condition qu'il soit muni d'un antidémarreur éthylométrique (dispositif détecteur d'alcool). Cet appareil empêche la mise en marche du véhicule lorsqu'il détecte la présence d'alcool dans l'organisme du conducteur.

2. À la fin de la révocation du permis, l'utilisation du dispositif détecteur d'alcool est **obligatoire** pour obtenir un nouveau permis dans les cas suivants :

- lorsque le conducteur est un récidiviste (utilisation obligatoire d'une durée de 2 ou 3 ans) ;
- lorsque l'évaluation sommaire était défavorable pour un conducteur condamné une première fois (utilisation obligatoire d'une durée de 1 an).

3. S'il désire conduire à la fin de sa sanction et s'il n'a pas encore reçu un rapport d'évaluation satisfaisant, le client **peut** obtenir, sur une base **volontaire**, un permis l'autorisant à conduire uniquement un véhicule muni d'un antidémarreur. La période pendant laquelle il conduira alors en utilisant le dispositif ne réduira cependant pas la durée d'utilisation obligatoire imposée dans les cas décrits précédemment.

Pour obtenir l'un de ces permis autorisant la conduite avec un antidémarreur, le conducteur doit aussi remplir les conditions suivantes :

- n'avoir aucune autre sanction à son dossier ;
- avoir un document attestant qu'il s'est engagé à faire installer un dispositif détecteur d'alcool chez un fournisseur reconnu par la Société ;
- respecter les conditions d'utilisation du dispositif détecteur d'alcool ;
- assumer les frais relatifs à l'utilisation de ce dispositif.

Aucun permis nécessitant l'utilisation d'un antidémarreur ne peut être délivré pour les classes de moto ou pour un apprenti conducteur.

Les classes de permis accordées sont les classes autorisées au moment de l'imposition de la sanction.

Si la Société est avisée par le fournisseur du dispositif que le conducteur ne respecte pas les conditions d'utilisation, elle peut annuler, suspendre ou révoquer le permis.

LA SAISIE DU VÉHICULE

Un véhicule peut être saisi, remorqué sur-le-champ et gardé à la fourrière, pour une période de 30 jours, que le conducteur en soit propriétaire ou non, si :

- le permis du conducteur fait l'objet d'une révocation ou d'une suspension à la suite d'une infraction au *Code criminel*, d'une accumulation de points d'inaptitude, d'une amende impayée ou pour des raisons relatives à son état de santé ;

- le véhicule routier n'est pas muni d'un antidémarreur, alors que le permis du conducteur autorise uniquement la conduite d'un véhicule muni de ce dispositif ;

- le conducteur ne respecte pas les conditions d'utilisation de l'antidémarreur ou conduit avec présence d'alcool dans son organisme ;

- le conducteur ne respecte pas les conditions d'utilisation du permis restreint relié aux points d'inaptitude ;

- le conducteur n'est pas titulaire d'un permis de conduire valide, de la classe appropriée au type de véhicule et comportant les mentions requises (dans le cas de véhicules lourds) ;

- le conducteur est titulaire d'un permis d'apprenti de la classe 6R et conduit une motocyclette en dehors d'un cours de conduite ou de l'examen de la Société.

Le conducteur, s'il n'est pas le propriétaire du véhicule routier, a l'obligation d'aviser sans délai ce dernier de la saisie de son véhicule. Il doit également lui remettre la copie du procès-verbal de saisie qui lui est destinée.

Le propriétaire doit acquitter, dans tous les cas, la totalité des frais de remorquage et de garde pour récupérer son véhicule. Si le contrevenant est une autre personne que le propriétaire, ce dernier devra prendre lui-même, s'il y a lieu, les moyens appropriés pour se faire rembourser les frais par le contrevenant.

LES AMENDES RELIÉES À LA CONDUITE PENDANT UNE PÉRIODE DE SANCTION

La personne qui conduit un véhicule alors que son permis fait l'objet d'une sanction devra, en plus de voir le véhicule saisi, payer généralement une amende qui s'élève de 300 $ à 600 $. Dans le cas de conduite pendant une sanction reliée à la conduite avec les facultés affaiblies, l'amende varie de 1 500 $ à 3 000 $.

Le propriétaire qui laisse conduire une personne dont le permis est suspendu ou révoqué pourrait être à son tour passible d'une amende de 300 $ à 600 $. Dans le cas d'une personne dont le permis a été révoqué pour conduite avec les facultés affaiblies, l'amende imposée au propriétaire du véhicule varie de 1 500 $ à 3 000 $.

Soulignons que, à l'occasion d'un prêt ou d'une location de véhicule, le propriétaire peut communiquer avec la Société pour s'assurer de la validité du permis du conducteur afin d'éviter la saisie éventuelle de son véhicule. Pour ce faire, le propriétaire du véhicule doit composer le numéro 1 900 565-1212. Des frais de 1,50 $ par appel sont exigés pour ce service téléphonique automatisé.

Voici un tableau résumé des lois et sanctions imposées par le *Code criminel* et le *Code de la sécurité routière* à la suite d'une condamnation pour conduite avec les facultés affaiblies, ainsi que de certaines conditions spécifiques pour obtenir de nouveau un permis :

	Code criminel	*Code de la sécurité routière*
1re sanction	• Interdiction de conduire de 1 an • Possibilité d'utiliser un antidémarreur si le juge le permet, et ce, après une période minimale d'interdiction de conduire de 3 mois • Amende minimale de 600 $	• Révocation du permis pour 1 an • Session Alcofrein obligatoire • Évaluation sommaire des comportements face à l'alcool incompatibles avec la conduite sécuritaire d'un véhicule • Si l'évaluation sommaire n'est pas favorable : – évaluation complète – antidémarreur obligatoire pour 1 an après la révocation et une fois que l'évaluation est satisfaisante pour la Société
2e sanction	• Interdiction de conduire de 2 ans • Possibilité d'utiliser un antidémarreur si le juge le permet, et ce, après une période minimale d'interdiction de conduire de 6 mois • Emprisonnement minimal de 14 jours	• Révocation du permis pour 3 ans • Évaluation complète • Antidémarreur obligatoire pour 2 ans après la révocation et une fois que l'évaluation est satisfaisante pour la Société
3e sanction et les subséquentes	• Interdiction de conduire de 3 ans • Possibilité d'utiliser un antidémarreur si le juge le permet, et ce, après une période minimale d'interdiction de conduire de 12 mois • Emprisonnement minimal de 90 jours	• Révocation du permis pour 5 ans • Évaluation complète • Antidémarreur obligatoire pour 3 ans après la révocation et une fois que l'évaluation est satisfaisante pour la Société
Période de référence pour le calcul de la récidive	10 ans	
Autres dispositions		• Suspension immédiate du permis de 30 ou 90 jours lors d'une interception pour alcool et conduite sans antidémarreur • Zéro alcool pour les nouveaux conducteurs • Saisie du véhicule pour conduite durant sanction ou sans permis : 30 jours • De 1 500 $ à 3 000 $ d'amende si sanction relative à l'alcool

Note : En vertu du *Code criminel*, à la suite d'une condamnation pour conduite avec les facultés affaiblies ayant causé des lésions corporelles, la peine maximale d'emprisonnement est de 10 ans ; une condamnation pour conduite avec les facultés affaiblies ayant causé la mort peut entraîner une peine d'emprisonnement à perpétuité.

LE DROIT DE CONTESTER

Une personne, dont le permis ou le droit d'en obtenir un est suspendu pour une période de 90 jours à la suite d'une interception pour alcool au volant avec récidive, peut demander la révision de cette suspension à la Société, moyennant le paiement des frais exigés pour cette demande. Lorsqu'une suspension est levée, la Société rembourse les frais de révision qui lui ont été payés. Si la suspension est maintenue en révision, le citoyen peut exercer, dans les 10 jours, un recours devant le Tribunal administratif du Québec.

Par ailleurs, le *Code de la sécurité routière* prévoit d'autres circonstances pour lesquelles il donne au citoyen le droit de contester certaines décisions de la Société devant le Tribunal administratif du Québec, dans les 60 jours de la prise d'effet de la décision. Ainsi, le citoyen peut recourir à ce tribunal lorsque la Société a refusé de délivrer ou de renouveler, ou encore a suspendu son permis de conduire, d'apprenti conducteur, probatoire ou restreint, pour des raisons de santé ou en l'absence du rapport d'examen ou d'évaluation de la santé exigé.

De même, le propriétaire d'un véhicule peut recourir à la Cour du Québec ou s'adresser directement à la Société pour demander la levée de la saisie de son véhicule.

La Société peut en tout temps réviser toute décision qu'elle a rendue si celle-ci ne fait pas l'objet d'un appel auprès d'un tribunal.

LES FACTEURS INFLUANT SUR LA CONDUITE D'UN VÉHICULE ROUTIER

À première vue, la tâche du conducteur paraît plutôt simple. Pourtant, il ne suffit pas de savoir démarrer, diriger et arrêter le véhicule pour dire qu'une personne sait conduire ; elle doit aussi connaître les techniques de conduite et les règles de la circulation. Elle doit aussi savoir prendre des décisions en tenant compte des autres usagers et des conditions de la circulation et de la route.

Le bilan routier révèle, qu'en plus des infractions, le nombre annuel des victimes demeure suffisamment élevé pour démontrer que la tâche de conduire comporte des difficultés.

La conduite d'un véhicule fait appel aux connaissances du conducteur et à l'information qu'il recueille en circulant. Elle suppose qu'il doit savoir percevoir ce qui l'entoure, prévoir ce qu'il faut faire et anticiper les réactions de toute autre personne pour être en mesure de décider. Ses décisions reflètent l'évaluation qu'il se fait d'une situation. Par exemple, à l'approche d'une intersection, il ne suffit pas de reconnaître le panneau indiquant l'obligation d'effectuer un arrêt. Il faut aussi évaluer la distance à parcourir avant l'arrêt, tenir compte de la vitesse du véhicule, de l'état de la chaussée et de la présence d'autres usagers pour décider du rythme du ralentissement et du lieu de l'arrêt.

Le conducteur, nouveau ou expérimenté, remarquera que sa conduite est, la plupart du temps, soumise à des influences liées à sa santé, à sa personnalité et à son environnement. Ses décisions sont influencées par ses traits de caractère dominants, ses sentiments, son état général.

En raison de la complexité de la tâche de conduire, il faut se rappeler que les conditions physique et psychologique sont à ce point importantes que l'aptitude à utiliser le réseau routier y est directement reliée.

LA VISION

La vision joue un rôle fondamental dans la conduite sécuritaire d'une automobile. Les études ont démontré que 90 % de l'information indispensable à la conduite passe par l'œil. Toute atteinte significative des fonctions visuelles diminue le rendement d'une personne sur la route, principalement au moment de la prise de décision, d'où le risque d'accidents et les conséquences fâcheuses qui en découlent.

La vue comporte plusieurs fonctions qui contribuent à donner au conducteur une représentation ou une image correcte de son environnement. L'absence ou la faiblesse grave d'une de ces fonctions, surtout à l'insu du conducteur, peut rendre ce dernier inapte à conduire.

L'ACUITÉ VISUELLE

L'acuité visuelle est la capacité de distinguer nettement les détails des objets vus d'une certaine distance. Cette précision peut varier beaucoup d'un individu à l'autre. Certaines personnes dont l'acuité visuelle est inférieure à la moyenne ne se rendent pas compte que beaucoup de détails leur échappent ; elles croient voir aussi bien que les autres. Ce phénomène est particulièrement associé au vieillissement et à l'état de santé. Seuls des examens périodiques permettront de déceler une détérioration progressive de l'acuité visuelle.

LE CHAMP VISUEL

Le champ visuel est cette partie de l'espace qui permet de percevoir des objets en même temps que les yeux fixent un point. Le champ visuel doit être assez étendu pour que l'automobiliste perçoive d'un seul coup d'œil tous les obstacles qui peuvent surgir en avant ou de chaque côté du véhicule. Il a autant d'importance qu'une bonne acuité visuelle. En effet, l'insuffisance du champ visuel augmente les risques d'accidents.

À mesure que le véhicule accélère, le champ visuel utile à la conduite se rétrécit. Il en est de même lorsque l'œil se concentre sur un objet. Les drogues, l'alcool et la fatigue produisent souvent le même effet. Les maladies de l'œil et les troubles neurologiques peuvent aussi donner des déficits importants du champ visuel. Des branches de lunettes trop larges peuvent aussi affecter l'étendue du champ visuel.

LA VISION STÉRÉOSCOPIQUE

La vision stéréoscopique, ou vision de profondeur, permet de situer exactement les objets dans l'espace tridimensionnel. Le conducteur peut ainsi évaluer les distances séparant son véhicule des autres objets qui l'entourent, même si ces objets sont en mouvement.

Verres correcteurs

Il est dangereux de conduire sans porter des verres correcteurs (lunettes ou verres de contact) s'ils sont requis. Sur le permis de conduire, cette condition se traduit par la lettre A. S'y soustraire constitue une infraction et peut entraîner le paiement d'une amende.

La vision nocturne

Quelle que soit l'acuité visuelle d'un automobiliste, la conduite de nuit comporte plus de risques que la conduite de jour. Étant donné la portée limitée de l'éclairage des phares, le conducteur devra adapter sa conduite en réduisant sa vitesse.

Compte tenu du fait que les panneaux de signalisation sont revêtus d'une matière réfléchissant la lumière, ils sont perçus même à grande distance lorsqu'ils sont éclairés par les phares. Ce n'est pas le cas pour des objets non réfléchissants qui ne sont alors perçus que sur une plus courte distance. Il importe donc de ne pas se méprendre sur la portée des phares en se basant sur la visibilité des objets qui réfléchissent la lumière.

Deux facteurs importent dans la vision nocturne. Ce sont :
- la capacité de voir sous un faible éclairage ;
- la résistance à l'éblouissement.

Avec l'âge, la faculté de récupérer après un éblouissement diminue progressivement. Lorsque conduire la nuit s'avère particulièrement ardu, une plus grande prudence s'impose.

Enfin, il est fortement déconseillé de porter des verres teintés pour la conduite nocturne, car ils réduisent l'acuité visuelle.

LES INDISPOSITIONS PHYSIQUES

Certaines maladies physiques peuvent être la cause immédiate d'un accident de la route. Aussi, les professionnels de la santé peuvent signaler à la Société les nom et adresse de toute personne de 14 ans ou plus jugée inapte, sur le plan médical ou visuel, à conduire un véhicule routier. Aucun recours en dommages ne peut être intenté contre un professionnel de la santé qui fait un tel rapport.

En raison de l'état de santé d'une personne, la Société peut suspendre son permis, en modifier les conditions ou même refuser de lui en délivrer un. Elle peut aussi exiger qu'elle se soumette à un nouvel examen ou à une évaluation devant un professionnel de la santé. Il est aussi entendu que tout conducteur responsable devrait se conformer aux recommandations de son médecin.

Par ailleurs, certains malaises sont passagers. Ainsi des indispositions physiques comme la migraine, la fièvre, etc., rendent la conduite plus difficile et exigeante. On devrait éviter de conduire dans ces circonstances. Le conducteur qui ressent un malaise en cours de route doit immobiliser son véhicule dans un endroit sûr.

LA FATIGUE

La fatigue ressentie au volant ne doit pas être prise à la légère, car elle peut diminuer le rendement, même celui du conducteur prudent, et avoir des conséquences parfois désastreuses.

La fatigue provoque souvent la somnolence, laquelle peut cependant avoir plusieurs autres causes. Elle peut par exemple résulter d'un repas copieux. Mais le plus souvent, elle est due au manque de sommeil, à la monotonie du parcours, au manque d'entraînement à la conduite de nuit ou à la température élevée à l'intérieur du véhicule.

La somnolence affecte l'attention. Les signes avant-coureurs d'assoupissement devraient être perçus comme un avertissement clair de risque d'accident.

Puisque la fatigue ralentit la coordination des mouvements en général, l'automobiliste qui la ressent, qui bâille, qui éprouve des picotements dans les yeux ou qui a de brèves hallucinations devrait savoir s'arrêter. Les exercices d'assouplissement constituent un bon moyen d'alléger la fatigue lors de longs trajets. Parfois, un repos de quelques minutes suffit pour retrouver sa forme, le sommeil étant le seul moyen de refaire ses forces, quand la somnolence se manifeste.

Si, pour conduire, la condition physique est importante, la condition mentale ou psychologique ne l'est pas moins. Il faut en effet s'abstenir de conduire lorsqu'on est indisposé sur le plan psychologique par de fortes émotions comme le chagrin ou la colère.

L'ALCOOL

L'alcool au volant constitue une des grandes préoccupations sociales. Et pour cause ! Au Québec, la contribution de l'alcool aux collisions est encore associée à environ 31 % des décès, 18 % des blessés graves et 5 % des blessés légers. Pour l'an 2001, ces pourcentages se sont traduits par 190 décès et 3 100 blessés.

La consommation d'alcool entraîne le conducteur à prendre des risques. Il est aujourd'hui reconnu que l'alcool diminue la capacité de conduire. Plus une personne en consomme, moins elle est en mesure de prendre des décisions éclairées et favorables à la sécurité.

Enfin, conduire quand ses facultés sont affaiblies par l'alcool risque fort de provoquer un accident grave, entraînant en outre des sanctions de plus en plus sévères et lourdes de conséquences.

L'absorption d'un seul verre d'alcool produit parfois les effets mentionnés précédemment. Ils peuvent en effet se manifester même si le taux d'alcool dans le sang est moindre que .08 (80 mg d'alcool par 100 millilitres de sang), car déjà à .05 (50 mg d'alcool par 100 millilitres de sang) chez l'adulte moyen les facultés sont affectées de façon significative. De plus, il convient de souligner que les jeunes conducteurs sont davantage affectés par l'alcool, et ce, même par de faibles quantités. Par exemple, **avec une alcoolémie de .03 (30 mg d'alcool par 100 millilitres de sang), le risque d'être impliqué dans un accident mortel est trois fois plus élevé pour un conducteur dont l'âge se situe entre 16 et 19 ans.**

Ces effets risquent aussi de se produire rapidement si la personne est à jeun ou fatiguée. Plus une personne consomme, plus elle s'expose à l'affaiblissement de ses facultés. Il ne faut pas conduire après avoir consommé des boissons alcoolisées.

Les occasions de consommer de l'alcool sont nombreuses. Il importe donc, pour limiter ses effets, de s'habituer à consommer modérément et à inciter les parents et les amis qu'on reçoit à faire preuve de prudence dès le début de la soirée.

Voici une série de mesures recommandées dans l'un ou l'autre cas avec, toutefois, certaines réserves :

- consommer peu et lentement ;
- manger ;
- proposer des boissons non alcoolisées (et, pourquoi pas, de l'eau) ;
- espacer les consommations ;
- arrêter de servir des boissons alcoolisées au moins une heure avant la fin de la réception ;
- prendre des mesures pour ne pas conduire quand ses facultés sont affaiblies, par exemple se faire conduire par une autre personne, utiliser le taxi ou l'autobus ;
- garder à coucher un invité mal en point.

Certains croient à tort que consommer régulièrement de l'alcool est une garantie contre l'affaiblissement des facultés. Or, il est reconnu que l'organisme d'une personne habituée à boire s'adapte, mais que la sobriété n'est qu'apparente et que la personne surestime ses capacités de conduire.

Certains des moyens proposés afin de diminuer les effets de l'alcool sont rarement efficaces. Certains croient, par exemple, que le fait de manger tout en consommant de l'alcool en favorise l'élimination. À cause de la nourriture, l'alcool parviendra en effet moins rapidement dans le sang, sans empêcher toutefois la personne d'atteindre un taux d'alcool élevé.

Rappelons que l'alcool consommé par une personne est éliminé par le foie dans une proportion de 90 %. Le foie d'une personne en bonne santé travaille à un rythme régulier : peu importe la quantité d'alcool consommée, il n'en élimine qu'un certain nombre de milligrammes par heure. Ainsi, si le taux d'alcool d'une personne atteint .08 (80 mg d'alcool par 100 millilitres de sang), il faut plus de 5 heures pour que le foie élimine l'alcool consommé.

Faire une marche ou prendre une douche ne sont pas des moyens non plus d'accélérer l'élimination de l'alcool. Il n'y a donc aucun moyen miracle d'accélérer l'élimination de l'alcool et ses effets. Seul le temps y parvient.

PRINCIPAUX EFFETS DE LA CONSOMMATION D'ALCOOL SUR LE CONDUCTEUR D'UN VÉHICULE ROUTIER

Effets sur l'observation

- Plutôt que d'observer la route à l'avant, sur les côtés et à l'arrière, le conducteur est porté à fixer un point ou un objet : il est moins vigilant et attentif à l'endroit des personnes, des véhicules et d'autres objets sur la route ou aux abords de la route.

- Le conducteur évalue moins bien la distance entre deux objets.

- Le conducteur s'adapte moins bien à l'obscurité.

- La nuit, la vision diminue après la rencontre d'un véhicule circulant en sens inverse. Le temps de récupération de la vision normale augmente encore plus sous l'effet de l'alcool.

- Le conducteur reconnaît moins bien les indices de danger. Il prend plus de risques et il commet plus d'imprudences.

Effets sur la prise de décision

- L'activité du cerveau est ralentie.

- Le conducteur reconnaît moins bien les situations difficiles.

- Il devient difficile de décider rapidement.

Effets sur l'exécution des manœuvres

- L'alcool diminue l'autocritique ; il mène à une surestimation de soi et de ses capacités de conduire en de telles circonstances.

- Le ralentissement des activités du cerveau s'accompagne d'une perte de coordination. Faits tardivement, les gestes sont souvent brusques et imprécis. Il devient difficile de maintenir le véhicule dans la bonne voie, de l'immobiliser, de franchir une intersection, de changer de voie, d'effectuer un virage et même de conserver la maîtrise du véhicule. Les motocyclistes peuvent aussi perdre l'équilibre.

LES DROGUES ET LES MÉDICAMENTS

On reconnaît aujourd'hui que les drogues et certains médicaments peuvent avoir des effets néfastes sur la conduite automobile. En effet, la consommation de drogues (cannabis, cocaïne, amphétamines, etc.) ou de médicaments psychotropes (anxiolytique, antidépresseur, sédatif, etc.) peut augmenter le risque d'accident. La consommation de ces substances avec, en plus, une consommation d'alcool accroît considérablement le risque d'être impliqué dans un accident.

DES PRÉCAUTIONS À PRENDRE

Le conducteur qui doit prendre des médicaments doit faire preuve de bon sens et juger si leur absorption est compatible avec la conduite du véhicule.

Consommés seuls, certains médicaments ont des effets semblables à ceux de l'alcool. Ce sont surtout ceux qu'on recommande pour le soulagement de l'anxiété et pour provoquer le sommeil.

Les antihistaminiques (sirop ou pilules) contre le rhume ou les allergies peuvent provoquer également de la somnolence. Il faut lire les étiquettes sur les contenants et consulter son médecin ou son pharmacien pour connaître les effets secondaires d'un médicament et ses conséquences sur la capacité de conduire.

Le conducteur qui fait usage d'un médicament ne doit pas prendre d'alcool. Cette combinaison est néfaste parce que les effets secondaires du médicament et ceux de l'alcool sont parfois grandement amplifiés. Ainsi, certains médicaments sont des substances dont les effets s'additionnent à ceux de l'alcool, détériorant davantage les facultés de la personne. Le conducteur peut ainsi se retrouver dans l'impossibilité de conduire.

UNE QUESTION D'ATTITUDE

Même si elle est nécessaire, une bonne condition physique ne suffit pas à faire un bon conducteur, qui doit aussi être en bonne forme psychologique. La conduite automobile devient en effet parfois un moyen de mettre en évidence certains traits de personnalité. Souvent perçue comme une affirmation de l'autonomie, elle fournit aussi des occasions d'exprimer des émotions.

Chez certains, l'utilisation de l'automobile est l'expression éloquente de leur respect de soi et des autres. On peut présumer que même en situation de conduite difficile, leurs décisions s'appuient sur la tolérance, la patience et la prévoyance. Conscients du risque que comporte la conduite, ils se servent de leur expérience pour améliorer leurs habitudes au volant.

Pourtant, certaines occasions sont propices aux conflits entre conducteurs, par exemple, les heures de pointe en milieu urbain ou aux sorties d'autoroute. Dans un embouteillage ou un ralentissement de la circulation, les réactions sont très diverses. Pour éviter de rendre ces circonstances dramatiques, il faut adapter son comportement et prévoir la possibilité de danger.

Qu'on ait ou non une idée précise de la cause du problème de la circulation, il est parfois préférable de ralentir et de s'arrêter si cela s'avère nécessaire. Il ne s'agit pas d'être passif mais de demeurer alerte.

D'autres moyens permettent d'échapper à ces situations conflictuelles. Par exemple, un conducteur peut choisir son trajet et le moment de ses déplacements en tenant compte de l'achalandage des rues ou des routes à emprunter. Cette façon de faire s'avère pertinente puisqu'elle contribue à éviter des conflits et même des accidents. Elle donne de meilleurs résultats que le fait d'emprunter l'accotement ou de partir et d'arrêter brusquement pour tenter de faire avancer ceux qui précèdent.

L'OBSERVATION

En plusieurs occasions, l'observation et la vérification jouent un rôle déterminant dans la conduite d'un véhicule routier. Qu'il s'agisse de dépasser, de changer de voie, de franchir une intersection ou de s'engager dans une voie de circulation, il y a lieu de s'assurer que la manœuvre peut être effectuée en sécurité. En regardant en avant, sur les côtés et à l'arrière, le conducteur obtient l'information lui permettant de décider à quel moment il doit diriger son véhicule dans la direction voulue. Il est alors en mesure, au besoin, de céder le passage aux autres usagers et d'adapter la vitesse du véhicule aux conditions de la circulation. Autrement, il est en conflit avec d'autres usagers et risque davantage d'être impliqué dans un accident ou une autre situation désagréable.

Qu'on pense à ce qui survient quand un conducteur s'engage dans une intersection sans effectuer l'arrêt et les vérifications nécessaires ou dépasse sans avoir vérifié s'il vient des véhicules en sens inverse. Il en résulte souvent des accidents graves et des victimes qui ont eu le tort d'être au mauvais endroit au mauvais moment. La négligence augmente le risque d'accident.

LA VIGILANCE ET LE DISCERNEMENT

La vigilance revêt une importance particulière la nuit et les jours de fin de semaine, au cours desquels surviennent le plus grand nombre d'accidents. Toute situation peut devenir distrayante pour le conducteur. On ne sait pas ce qui se passe dans le véhicule qui nous suit, dans celui qui nous précède, nous dépasse ou vient en sens inverse. Il convient donc de rester alerte.

En outre, il importe de faire preuve de discernement en toutes circonstances. Le recours à la prudence ne saurait être qu'occasionnel, car les possibilités d'erreurs et d'accidents sur la route sont nombreuses.

Parfois, les situations imprévues surviennent et peuvent nécessiter de réduire la vitesse de son véhicule. Il faut être encore plus vigilant à l'approche des travaux de construction, sur ou aux abords des routes, et détecter toute autre indication présentant des indices de danger. Il en est de même lors de ralentissement de la circulation dont la cause n'est pas toujours immédiatement identifiable, comme un accident, des travaux, l'arrivée de banc de brouillard, etc.

Tout conducteur fait face à des situations qu'il ne peut maîtriser ou éliminer totalement. Il arrive par exemple qu'un feu de circulation soit défectueux, que le conducteur qui précède semble perdu ou circule un peu trop lentement ou encore qu'une autre cause ait pour effet d'allonger ou de modifier le trajet envisagé.

C'est alors que le conducteur doit faire preuve de discernement. Certes, il n'est pas toujours plaisant de céder, de se faire intimider par d'autres conducteurs ou d'apparaître incapable de prendre un risque. Une hâte mal maîtrisée peut entraîner un drame, alors que l'acceptation d'un retard ou d'un inconvénient peut, au contraire, permettre au conducteur de s'affirmer en collaborant avec les autres usagers du réseau routier.

Chapitre 2

LE VÉHICULE

*P*our circuler sur les routes du Québec, tout propriétaire doit faire immatriculer son véhicule dans les points de service de la Société de l'assurance automobile du Québec.

Chaque année, le propriétaire doit payer les sommes exigées pour conserver le droit de circuler avec son véhicule.

Le Code de la sécurité routière et ses règlements obligent aussi le propriétaire d'un véhicule à bien l'entretenir et à s'assurer que les équipements et accessoires sont conformes à la loi.

L'IMMATRICULATION DES VÉHICULES ROUTIERS

DISPOSITIONS GÉNÉRALES

Tout véhicule routier doit être immatriculé, à moins d'une exemption en vertu du Code de la sécurité routière. Le propriétaire doit demander l'immatriculation à la Société de l'assurance automobile du Québec dès la prise de possession du véhicule ou avant l'expiration de l'immatriculation temporaire obtenue chez un commerçant de véhicules. De plus, la personne qui vient s'établir au Québec doit en faire la demande dans les 90 jours suivant son arrivée.

Cette immatriculation subsiste tant que le véhicule et son propriétaire demeurent les mêmes.

Une fois les données enregistrées, la Société délivre une plaque et un certificat d'immatriculation de la catégorie correspondant au type du véhicule et du propriétaire, ainsi qu'à l'usage et au lieu d'utilisation de ce véhicule.

LES VÉHICULES EXEMPTÉS DE L'IMMATRICULATION

Sont exemptés de l'immatriculation les véhicules routiers qui ne peuvent circuler sur un chemin public :

- une souffleuse à neige dont la masse nette est de 900 kg ou moins ;
- un tracteur de ferme non utilisé sur un chemin public ;
- une motoneige dont la masse nette est inférieure à 55 kg et dont la vitesse maximale est inférieure à 15 km/h ;
- la motoneige, ayant une masse nette de 450 kg ou moins, d'une personne qui ne réside pas au Québec en autant que cette motoneige soit immatriculée conformément à la loi du lieu de la résidence de son propriétaire ou de son siège social ;
- un véhicule-jouet motorisé pouvant transporter une personne ;
- une voiturette de golf ;
- un tracteur de jardin, autre qu'un tracteur de ferme, et une tondeuse motorisée, pouvant transporter une personne ;
- un véhicule routier utilisé exclusivement à l'intérieur d'un édifice ;
- la machinerie agricole appartenant à un agriculteur.

L'OBTENTION DE L'IMMATRICULATION ET DU DROIT DE METTRE SON VÉHICULE EN CIRCULATION

LES EXIGENCES

Pour obtenir une immatriculation et le droit de mettre son véhicule en circulation, le propriétaire doit :

- satisfaire aux conditions et aux formalités établies par règlement ;
- payer les frais fixés par règlement ;
- lorsqu'il a fait l'acquisition d'un véhicule d'occasion, fournir le kilométrage inscrit à l'odomètre.

De plus, son permis ne doit pas faire l'objet d'une suspension pour amende non payée.

Le propriétaire d'un véhicule lourd (véhicules routiers et ensembles de véhicules routiers dont la masse nette est supérieure à 3 000 kg, autobus, minibus, dépanneuse, véhicule routier servant au transport des matières dangereuses) est tenu de s'inscrire au Registre des propriétaires et exploitants de véhicules lourds.

LE COÛT DE L'IMMATRICULATION

Le coût de l'immatriculation diffère selon le type, l'usage et le lieu d'utilisation du véhicule. Il comprend :

- les droits d'immatriculation ;
- la contribution au régime d'assurance automobile du Québec ;
- les frais d'administration ;
- la contribution des automobilistes au transport en commun, s'il y a lieu ;
- la taxe de vente.

À ces montants, s'ajoutent des frais additionnels lorsque le véhicule de promenade a sept années ou moins et a une valeur de plus de 40 000 $.

UNE ASSURANCE-RESPONSABILITÉ OBLIGATOIRE

La *Loi sur l'assurance automobile* du Québec oblige tout propriétaire de véhicule à avoir une assurance-responsabilité d'au moins 50 000 $. Cette condition est essentielle pour avoir le droit de circuler sur le réseau routier québécois.

EXIGENCE PARTICULIÈRE POUR UNE PERSONNE MINEURE

Une personne mineure qui désire immatriculer un véhicule doit fournir à la Société le consentement écrit du titulaire de l'autorité parentale ou, à défaut, celui de la personne qui a la garde légale de ce mineur.

CAS DE REFUS D'IMMATRICULER UN VÉHICULE ROUTIER

La Société doit refuser d'immatriculer un véhicule lorsque celui qui en fait la demande n'est pas en mesure d'établir qu'il en est le propriétaire ou le copropriétaire, ou que le véhicule est la propriété d'une société dont il fait partie.

LES CONDITIONS RATTACHÉES À L'IMMATRICULATION

SIGNATURE

Le titulaire doit signer son certificat d'immatriculation dès qu'il le reçoit.

CHANGEMENT D'ADRESSE

Le titulaire d'un certificat d'immatriculation doit informer la Société de tout changement d'adresse, dans les 30 jours. Le changement d'adresse peut se faire par internet. (www.saaq.gouv.qc.ca)

CERTIFICAT ET ATTESTATION D'ASSURANCE

La personne qui conduit un véhicule routier ou qui en a la garde ou le contrôle doit avoir avec elle le certificat d'immatriculation du véhicule et l'attestation d'assurance-responsabilité. Elle doit être en mesure de les remettre, pour examen, à un agent de la paix qui en fait la demande.

MISE EN PLACE DE LA PLAQUE D'IMMATRICULATION

Le propriétaire d'un véhicule doit fixer solidement sa plaque d'immatriculation à l'arrière de son véhicule ou à tout autre endroit déterminé par règlement.

Par contre, le propriétaire d'un ensemble de véhicules routiers essentiellement conçu pour tirer une remorque doit fixer la plaque à l'avant du véhicule.

LISIBILITÉ ET NETTOYAGE

Seule une inscription déterminée par la Société peut apparaître sur la plaque d'immatriculation.

La plaque d'immatriculation doit être libre de tout objet ou de toute matière nuisibles à sa lecture. En outre, la plaque apposée à l'arrière du véhicule doit être suffisamment éclairée.

Lorsque la saleté rend la plaque d'immatriculation d'un véhicule illisible, les agents de la paix ont le pouvoir d'exiger du conducteur qu'il la nettoie.

INTERDICTION DE FIXER D'AUTRES PLAQUES

Il est interdit de fixer sur son véhicule une plaque qui peut être confondue avec une plaque d'immatriculation délivrée par la Société ou par une autre administration compétente, sauf s'il s'agit d'une plaque requise en vertu d'une autre loi en vigueur au Québec.

REMPLACEMENT DES CERTIFICATS ET DES PLAQUES D'IMMATRICULATION

Le titulaire d'un certificat d'immatriculation illisible, endommagé ou perdu est tenu d'en demander le remplacement à la Société. Un nouveau certificat lui sera remis moyennant certains frais.

De plus, il est interdit de circuler avec un véhicule dont la plaque est endommagée au point d'être illisible, sous peine d'amende.

PAIEMENT ANNUEL

Chaque année, le propriétaire d'un véhicule doit payer, selon le mois de renouvellement fixé par règlement, les sommes exigées pour conserver le droit de circuler avec son véhicule.

Aucun délai n'est accordé aux retardataires. Ces derniers doivent payer le montant complet de l'avis à moins de remiser le véhicule avant le début de la nouvelle période d'immatriculation. Des frais supplémentaires seront perçus si le paiement n'est pas effectué dans les délais requis.

Il est à noter que tout solde antérieur impayé à la Société entraîne une interdiction de circuler avec un véhicule.

LA MISE AU RANCART

Le propriétaire d'un véhicule qui met son véhicule au rancart parce qu'il est devenu inutilisable doit en informer la Société. Il doit alors faire une déclaration selon laquelle il renonce à circuler avec ce véhicule. Cette demande peut être faite par téléphone.

Avant d'être autorisé à circuler à nouveau sur un chemin public avec un véhicule mis au rancart, le propriétaire devra soumettre ce véhicule à une vérification mécanique, en assumer les coûts et effectuer ou faire effectuer toutes les réparations requises pour le rendre conforme aux normes prescrites.

LE REMISAGE

Le propriétaire d'un véhicule qui désire remiser son véhicule pour une période indéterminée doit en informer la Société. Durant cette période, il ne peut circuler avec son véhicule, mais la plaque d'immatriculation doit demeurer sur le véhicule remisé. La Société remet au propriétaire un reçu pour confirmer le service demandé. Si le remisage est effectué par téléphone, le propriétaire recevra une lettre pour confirmer le nouveau statut du véhicule.

LE REMBOURSEMENT

Le propriétaire d'un véhicule peut obtenir le remboursement d'une partie des sommes versées pour ses droits d'immatriculation et la contribution au régime d'assurance automobile du Québec lorsque son véhicule est mis au rancart, remisé, vendu, sinistré, volé ou exporté.

LA CESSION DU VÉHICULE ROUTIER

Lors de tout transfert de propriété, des pièces justificatives seront exigées, notamment une preuve d'identité, un mandat si une personne se fait représenter ou un document certifiant le consentement de l'autorité parentale lorsque la personne est mineure. Une personne ne peut céder un véhicule routier immatriculé à son nom lorsque son permis est suspendu pour amende non payée.

VÉHICULE ACQUIS D'UN PARTICULIER

Lorsque le véhicule est acquis d'un particulier, le vendeur et l'acheteur doivent se rendre dans un point de service de la Société. Pour céder son droit de propriété, la personne qui vend le véhicule doit remettre son certificat d'immatriculation à la Société. Il y aura alors une nouvelle immatriculation confirmant que l'acquéreur est le nouveau propriétaire du véhicule. Avant d'acquérir un véhicule, l'acheteur devrait vérifier, auprès de la Société, que ce véhicule peut être vendu par son propriétaire.

ÉCHANGE DE VÉHICULES ENTRE PERSONNES

S'il s'agit d'un échange de véhicules routiers entre deux personnes, chaque propriétaire doit demander une nouvelle immatriculation et acquitter les frais qui s'appliquent.

TRANSACTION CHEZ UN COMMERÇANT

La personne qui vend son véhicule à un commerçant doit lui remettre son certificat d'immatriculation, après l'avoir endossé.

Si elle n'acquiert pas un nouveau véhicule, elle doit demander l'annulation de la plaque d'immatriculation à la Société.

Par contre, si elle acquiert un nouveau véhicule, elle doit demander une nouvelle immatriculation. La même plaque peut être utilisée si désiré.

LES RÈGLES RELATIVES AUX VÉHICULES ROUTIERS ET À LEUR ÉQUIPEMENT[2]

LE NUMÉRO D'IDENTIFICATION OBLIGATOIRE

Les véhicules routiers doivent porter le numéro d'identification apposé par le constructeur automobile, qui informe d'ailleurs la Société de l'assurance automobile du Québec des numéros qu'il attribue. La Société peut également attribuer et apposer un numéro d'identification.

Lorsqu'un propriétaire d'un véhicule constate que son véhicule n'est pas muni d'un tel numéro, il doit alors en faire la demande à la Société.

Il est interdit de modifier, de rendre illisible, d'effacer, de remplacer ou d'enlever le numéro d'identification, à moins d'une approbation préalable de la Société.

L'ÉQUIPEMENT ET LES ACCESSOIRES OBLIGATOIRES

Tous les véhicules routiers doivent être munis de l'équipement et des accessoires imposés au constructeur automobile par une loi ou un règlement en vigueur au Québec.

Les autobus et minibus affectés au transport scolaire doivent être munis d'affiches portant l'inscription ÉCOLIERS, à l'avant et à l'arrière du véhicule.

Si le transport scolaire s'effectue au moyen d'une voiture de promenade, le propriétaire doit installer une telle affiche transversalement, au centre du toit. Ces affiches doivent être enlevées ou recouvertes lorsque le véhicule n'est pas affecté au transport d'écoliers.

---

2. Les véhicules servant à des fins agricoles sont assujettis à des règles de circulation et à des normes de sécurité spécifiques.

1307
8166
6631

mom
xxx

LES ÉLÉMENTS D'ÉCLAIRAGE ET DE SIGNALISATION

Le conducteur d'un véhicule doit s'assurer que les dispositifs d'éclairage et de signalisation requis pour un type de véhicule soient en bon état et qu'aucune saleté ou matière obstruante vienne en diminuer l'efficacité.

LE VÉHICULE ROUTIER

Tout véhicule, autre qu'une motocyclette et un cyclomoteur, circulant sur un chemin public doit être muni, à l'avant, d'au moins deux phares blancs simples ou jumelés, de deux feux de position jaunes ou blancs, de deux feux de changement de direction jaunes ou blancs.

À l'arrière, tout véhicule, autre qu'une motocyclette et un cyclomoteur, incluant les remorques ou les semi-remorques doit compter au moins deux feux de position rouges, deux réflecteurs rouges (pouvant être intégrés aux lentilles des feux), deux feux de freinage rouges, deux feux de changement de direction rouges ou jaunes, un feu de recul blanc et un feu blanc pour éclairer la plaque d'immatriculation. De chaque côté, le véhicule doit être muni d'un feu de position et d'un réflecteur latéraux, rouges à l'arrière et jaunes à l'avant.

De plus, tout véhicule d'une longueur de 9,1 mètres ou plus doit être muni d'un feu de position et d'un réflecteur latéraux jaunes, placés sur chaque côté, à mi-distance entre les feux latéraux avant et arrière.

DISPOSITIONS PARTICULIÈRES POUR LES VÉHICULES DE PLUS 2,03 MÈTRES DE LARGEUR

Les véhicules routiers et tout ensemble de véhicules routiers mesurant plus de 2,03 mètres de largeur doivent en plus être munis de deux feux de gabarit jaunes et de trois feux d'identification jaunes à l'avant, ainsi que de deux feux de gabarit rouges et de trois feux d'identification rouges à l'arrière.

LES MOTOCYCLETTES ET LES CYCLOMOTEURS

Les motocyclettes et les cyclomoteurs doivent être munis d'au moins un phare blanc à l'avant, un feu rouge à l'arrière, deux feux de changement de direction, blancs ou jaunes, à l'avant, deux feux de changement de direction, rouges ou jaunes, à l'arrière, et un feu de freinage rouge à l'arrière.

L'AUTOBUS

Les autobus et minibus affectés au transport scolaire doivent être munis de feux rouges intermittents à l'avant et à l'arrière du véhicule, ainsi que d'un signal d'arrêt obligatoire constitué soit d'un panneau d'arrêt escamotable, soit d'un bras escamotable avec panneau d'arrêt. Ce signal doit être situé à l'extérieur du côté avant gauche de l'habitacle, à la hauteur du poste de conduite. Ces feux doivent fonctionner aussi longtemps que les usagers montent ou descendent de l'autobus.

LES FEUX CLIGNOTANTS ET PIVOTANTS

Les feux pivotants ou intermittents sont réservés à certaines catégories de véhicules. Les feux **rouges**, clignotants ou pivotants, sont réservés aux véhicules d'urgence ; les **bleus**, aux véhicules de police, les **jaunes**, aux véhicules de service, d'équipement, d'escorte, de déneigement ou d'entretien des chemins. Les feux **verts** sont réservés aux véhicules d'urgence sur les lieux d'un sinistre pour indiquer le poste de commandement.

LES PHARES ANTIBROUILLARDS

Les phares antibrouillards dont peut être muni un véhicule doivent être conformes aux normes établies et être fixés à l'avant, à hauteur égale, sans jamais être plus hauts que les phares blancs.

LES SYSTÈMES DE FREINAGE ET D'IMMOBILISATION

Les véhicules routiers et les ensembles de véhicules routiers doivent être munis d'au moins un système de freinage de service permettant d'appliquer sur chaque roue portante une force de freinage suffisante pour immobiliser rapidement le véhicule en cas d'urgence et d'un système de freinage de stationnement permettant de le retenir à l'arrêt.

Il est interdit de conduire un véhicule dont le système de freinage a été modifié ou altéré de façon à en diminuer l'efficacité.

Un agent de la paix qui a des motifs raisonnables de croire que le système de freinage d'un véhicule est défectueux ou inopérant peut exiger que ce véhicule soit conduit dans un endroit convenable, et retenu aux frais du propriétaire jusqu'à ce que la situation ait été corrigée.

MODIFICATIONS À LA CEINTURE DE SÉCURITÉ

Il est interdit d'enlever ou de faire enlever la ceinture de sécurité fixée aux sièges dans un véhicule, de la modifier, de la faire modifier, de la mettre ou de la faire mettre hors d'usage. Une amende de 200 $ peut être imposée.

LES COUSSINS GONFLABLES

Il est interdit de rendre inopérant un module de sac gonflable installé dans un véhicule routier, sauf au moyen d'un dispositif installé par le fabriquant du véhicule avant la vente au premier usager. Lorsqu'il est requis de le remplacer (à la suite d'un déploiement ou d'un bris), seules les pièces neuves, dites d'origine, peuvent être utilisées. Une amende de 300 $ à 600 $ peut être imposée.

LE DÉTECTEUR DE RADAR DE VITESSE

Il est interdit d'installer ou de faire installer un détecteur de radar de vitesse dans un véhicule, de le vendre ou de le mettre en vente.

Il est interdit de conduire un véhicule muni de cet appareil. Un agent de la paix, qui a des motifs raisonnables de croire à la présence d'un détecteur de radar de vitesse, peut obliger un conducteur à immobiliser son véhicule pour inspection. S'il y trouve l'appareil, il est autorisé à le confisquer aux frais du propriétaire. Il donne un reçu au conducteur et remet ensuite le détecteur à la Société de l'assurance automobile du Québec qui, après un délai de 90 jours, peut en disposer.

L'AVERTISSEUR SONORE (KLAXON)

Tout véhicule doit être muni d'un avertisseur sonore. Il ne doit être utilisé qu'en cas de nécessité.

Seul un véhicule d'urgence peut posséder une sirène (ou un appareil capable de produire un son semblable) et un dispositif de changement des feux de circulation.

Les agents de la paix sont autorisés à faire enlever d'un véhicule, aux frais de son propriétaire, une sirène ou tout autre avertisseur sonore semblable, non conforme aux normes édictées par le *Code de la sécurité routière*. L'agent donne alors un reçu au conducteur et remet ensuite l'appareil à la Société.

Cependant, cette disposition ne s'applique pas pour l'avertisseur sonore du système d'alarme antivol installé sur un véhicule.

LE SYSTÈME D'ÉCHAPPEMENT

Le système d'échappement d'un véhicule doit comporter tous ses éléments, notamment le collecteur, les tuyaux, le silencieux, les supports et les attaches. Ceux-ci doivent être solidement retenus aux points de fixation et aucun de ces éléments ne doit présenter de fuite de gaz.

Dans le cas contraire, il est interdit de vendre ce véhicule ou de le mettre en vente, en vue de son utilisation sur la voie publique.

Il est également interdit de modifier des éléments du système d'échappement dans le but de le rendre plus bruyant, de le supprimer ou d'en réduire l'efficacité.

LE PARE-BRISE ET LES VITRES

Le pare-brise et les vitres d'un véhicule doivent être en verre transparent fabriqué ou traité de façon à réduire considérablement la friabilité ou le danger d'éclatement. Ils doivent être libres de toute matière pouvant nuire à la visibilité du conducteur.

Aucune matière assombrissante ne doit être apposée ou vaporisée sur le pare-brise. Une bande d'au plus 15 cm de large peut cependant être placée sur la partie supérieure du pare-brise. Les vitres latérales situées de chaque côté du poste de conduite doivent laisser passer la lumière à 70 % ou plus lorsque mesurées à l'aide d'un photomètre.

Un agent de la paix peut donc, dans ces cas, exiger du conducteur le nettoyage ou le dégagement des vitres et du pare-brise.

LES RÉTROVISEURS

Tout véhicule, autre que la motocyclette et le cyclomoteur, doit être muni d'au moins deux rétroviseurs solidement fixés et placés, le premier à l'intérieur, au centre de la partie supérieure du pare-brise, et l'autre, à l'extérieur à gauche du véhicule.

Toutefois, si le rétroviseur de l'intérieur est inutilisable, un rétroviseur doit être installé à l'extérieur du côté droit du véhicule.

La motocyclette et le cyclomoteur doivent être munis, de chaque côté, d'un rétroviseur solidement fixé.

LE TOTALISATEUR DE DISTANCE (ODOMÈTRE) ET L'INDICATEUR DE VITESSE

Tout véhicule (sauf le cyclomoteur et la motocyclette munie d'un moteur d'une cylindrée de 125 cm³ ou moins) doit posséder un totalisateur de distance (odomètre) et un indicateur de vitesse en bon état de fonctionnement.

LES PARE-CHOCS

Les pare-chocs fixés au véhicule doivent être solidement maintenus à l'endroit prévu à cette fin.

LES PNEUS

Le propriétaire doit s'assurer que le véhicule est muni de pneus conformes aux normes prescrites et conçus pour circuler sur les chemins publics. De plus, les pneus doivent être en bon état de fonctionnement.

L'utilisation de pneus à crampons est permise entre le 15 octobre et le 1er mai sur les véhicules de promenade et les véhicules de commerce dont la masse totale en charge n'excède pas 3 000 kg.

LES GARDE-BOUE

À défaut de garde-boue permanents sur un véhicule ou un ensemble de véhicules routiers, on doit installer des garde-boue mobiles en matière résistante et d'une largeur au moins égale à celle de la semelle des pneus. Le tracteur de ferme et la machinerie agricole fabriquée sans garde-boue font exception à cette règle.

LES VÉHICULES FONCTIONNANT AU GAZ NATUREL ET AU PROPANE

Le propriétaire d'un véhicule fonctionnant au gaz naturel ou au propane peut utiliser ou laisser circuler un tel véhicule uniquement si ce dernier est muni d'une vignette de conformité du système d'alimentation en carburant requise par le règlement *Règlement sur les normes de sécurité des véhicules routiers*. À défaut, le propriétaire du véhicule est passible d'une amende de 300 $ à 600 $.

MODIFICATION D'UN VÉHICULE

Les modifications apportées à un véhicule destiné à circuler sur un chemin public nécessitent l'approbation de la Société de l'assurance automobile du Québec lorsque celles-ci sont effectuées sur le châssis, la carrosserie ou sur un mécanisme susceptible de diminuer la stabilité ou le freinage du véhicule.

L'approbation de la Société est également nécessaire pour toute modification visant à transformer un véhicule en un autre type de véhicule.

LA VÉRIFICATION MÉCANIQUE

La Société de l'assurance automobile du Québec possède une compétence exclusive en matière de vérification mécanique des véhicules routiers, et délivre à cet effet des certificats et des vignettes de conformité.

Chaque année, la Société procède ainsi à l'inspection de milliers de véhicules interceptés par les agents de la paix.

La vérification mécanique se fait dans les locaux de mandataires, et ce, dans toutes les régions du Québec. Un mandataire est une entreprise accréditée par la Société pour effectuer la vérification mécanique de véhicules légers (3 000 kg et moins) ou de véhicules lourds (plus de 3 000 kg), moyennant rémunération.

Un agent de la paix peut soumettre un véhicule routier à une vérification mécanique s'il a des motifs raisonnables de croire que ce véhicule a été modifié ou qu'il représente un danger. Il peut aussi, aux fins de vérification, remiser ou faire remiser un véhicule, aux frais de son propriétaire.

LES VÉRIFICATIONS MÉCANIQUES OBLIGATOIRES

Les véhicules suivants sont soumis à la vérification mécanique :

- les véhicules utilisés aux fins d'enseignement par une école de conduite ;

- les véhicules d'urgence ;

- les dépanneuses dont la masse nette est de 3 000 kg ou moins ;

- les taxis, les autobus, les minibus et les véhicules affectés au transport scolaire ;

- les véhicules modifiés afin d'utiliser un carburant autre que celui qui a été prévu par le fabricant ;

- les véhicules dont la masse nette est de plus de 3 000 kg à l'exception des habitations motorisées, des caravanes, des véhicules-outils, des tracteurs de ferme, des machineries agricoles ainsi que des remorques de chantier et des remorques de ferme ;

- les véhicules modifiés, de fabrication artisanale ou montés par un recycleur, de même que tout autre véhicule jugé dangereux par un agent de la paix ;

- les véhicules accidentés ;

- les véhicules usagés provenant de l'extérieur du Québec ;

- les véhicules mis au rancart.

Un agent de la paix peut également exiger une vérification mécanique et en fixer le délai lorsqu'il a des motifs de croire qu'un véhicule a subi des modifications ou s'il est dans un état constituant un danger.

LES SUITES DE LA VÉRIFICATION MÉCANIQUE

Si le véhicule est conforme, la Société, ou son mandataire, délivre un certificat de vérification mécanique et une vignette de conformité.

Quand des défectuosités mineures sont détectées, le propriétaire ou le conducteur se voit remettre un avis lui demandant d'effectuer ou de faire effectuer les réparations dans un délai de 48 heures. Après ce délai, le véhicule ne peut être remis en circulation s'il n'est pas réparé.

Dans le cas de défectuosités majeures, le véhicule ne peut reprendre la route tant et aussi longtemps qu'il ne sera pas conforme aux normes prescrites.

De plus, si le propriétaire refuse ou néglige de soumettre son véhicule à une vérification mécanique ou s'il refuse de fournir son certificat de vérification mécanique, il fera l'objet d'une interdiction de circuler avec ce véhicule.

FAIRE SON « AUTOSPECTION »

Les équipements nécessaires à la conduite sécuritaire d'un véhicule doivent être constamment maintenus en bon état de fonctionnement.

Il importe d'être attentif à une réaction inhabituelle du véhicule ainsi qu'à un bruit soudain ou anormal. Ceci est une habitude facile à prendre qui peut faire gagner du temps, économiser de l'argent et éviter bien des ennuis. En conséquence, à l'occasion de vos propres inspections régulières, vous pourrez avantageusement vous attarder aux éléments suivants :

LES FREINS

Les freins sont-ils bruyants ? La pression sur la pédale donne-t-elle un résultat immédiat ? Percevez-vous un bruit de frottement métallique ? Votre véhicule a-t-il tendance à se déplacer vers la gauche ou la droite lorsque vous freinez ; ou encore, à s'arrêter lentement malgré une forte pression sur la pédale de frein ?

LE FREIN DE STATIONNEMENT

Le frein de stationnement retient-il complètement votre véhicule au démarrage ou dans une pente ?

LES RÉTROVISEURS

Les deux rétroviseurs requis sont-ils solidement fixés ? Sont-ils fissurés, écaillés ou ternis, obstruant ainsi la vision ?

Avez-vous réglé comme il convient leur position, de façon à bien voir ?

LA DIRECTION

L'usure des pneus avant est-elle irrégulière ? Remarquez-vous un jeu excessif du volant, une tendance marquée de la voiture vers la droite ou la gauche ? Avez-vous des problèmes de maniabilité ? Voilà des signes suffisants pour vous inciter à faire vérifier et régler avec soin votre système de direction. Faites examiner la géométrie du train avant, au moins une fois l'an et chaque fois que vous le croyez déréglé par un choc sérieux.

LE PARE-BRISE

Quel est l'état de votre système d'essuie-glace et de votre lave-glace ? Vous garantissent-ils une parfaite visibilité en tout temps ? Savez-vous que des essuie-glaces défectueux peuvent endommager votre pare-brise ?

LES PNEUS

Examinez régulièrement les pneus. Les guides d'usure sur la semelle des pneus indiquent-ils que l'usure est inégale ou anormale ? Peut-être cette anomalie est-elle attribuable à une pression incorrecte, ou à la rotation irrégulière des pneus, à des défauts de parallélisme ou d'équilibrage des roues, ou encore, tout simplement, à vos mauvaises habitudes de conduite.

LE SYSTÈME D'ÉCHAPPEMENT

Constatez-vous des fuites du silencieux ou d'autres parties du système d'échappement ? Les défectuosités se détectent généralement à l'oreille ; en effet, une augmentation du bruit du moteur dénote souvent un bris de système.

LES FEUX ET LES PHARES

Les feux et les phares sont-ils en bon état et dégagés de toute matière obstruante ?

LA CEINTURE DE SÉCURITÉ

Avez-vous examiné votre ceinture de sécurité pour y déceler toute coupure ou rupture des fibres ? La boucle de la ceinture, le rétracteur et le mécanisme de blocage sont-ils présents et en bon état de fonctionnement ?

L'APPUI-TÊTE

Si le véhicule est muni d'un appui-tête lors de sa fabrication, est-il présent et en bon état ? Le milieu de l'appui-tête est-il à la hauteur des yeux ou du bord supérieur des oreilles ? Est-il près de la tête, soit à un maximum de 10 centimètres ?

LES COURROIES

Savez-vous que le bon état des courroies peut être important pour votre sécurité ? En effet, le véhicule à direction assistée dont la courroie cède subitement devient difficile à conduire, voire dangereux.

La tension en est-elle correcte ? Vérifiez si les courroies sont fendillées, si leur tissu s'effiloche ou présente des déchirures.

LES AMORTISSEURS

Votre véhicule a-t-il tendance à rebondir exagérément après la traversée de trous ou le passage de cahots ? Est-il très sensible aux vents latéraux ? Il se peut alors que les amortisseurs soient défectueux.

Pour vérifier, il vous suffit d'appuyer fortement sur un coin de votre véhicule et de relâcher. Le coin doit remonter pour reprendre sa position initiale. Mais s'il rebondit à deux ou trois reprises, l'amortisseur est défectueux. Répétez cet essai à chaque coin du véhicule.

Les composantes de la carrosserie sont-elles solidement fixées et en bon état de fonctionnement ? Attention aux perforations du plancher, en particulier en dessous du coffre ; elles peuvent permettre l'infiltration, toujours toxique, des gaz d'échappement.

Chapitre 3

LA SIGNALISATION ROUTIÈRE

*L*a signalisation routière doit, en vertu du Code de la sécurité routière, être conforme aux normes établies par le ministère des Transports. Elle vise à assurer la sécurité des usagers de la route, à accroître l'efficacité de la circulation des véhicules routiers ainsi qu'à guider les usagers de la route dans leur déplacement.

Toutefois, la signalisation ne peut pas être une garantie assurée aux usagers de la route contre les risques de la circulation. Le réseau routier, les véhicules et les règles de conduite sont conçus principalement pour des conditions idéales de la circulation. Puisque les risques de la circulation sont nombreux, le conducteur doit donc continuellement ajuster son comportement.

La signalisation routière du Québec comporte des signaux lumineux, des marques sur la chaussée et des panneaux de signalisation. Elle constitue un langage visuel que tous les usagers de la route doivent connaître et bien comprendre pour leur propre sécurité et celle des autres.

SIGNAUX LUMINEUX

Par signaux lumineux, on entend tous les feux qui dirigent les usagers de la route. Ce sont les feux de circulation, les feux clignotants, les feux pour piétons, les feux pour cyclistes, les feux d'utilisation de voies, les feux de passage à niveau, les feux de réglementation de stationnement, les feux de circulation pour travaux, les feux de priorité pour autobus et les feux de signalisation à un poste de contrôle routier.

SIGNAUX LUMINEUX

FEUX DE CIRCULATION

Les feux de circulation sont généralement installés aux intersections et utilisés pour accorder de façon ordonnée le droit de passage aux véhicules et aux piétons en fonction des différents mouvements de la circulation. Si le feu de circulation est défectueux ou inopérant, le conducteur doit se comporter comme si l'intersection était réglementée par des panneaux d'arrêt pour toutes les directions, sauf si une signalisation appropriée remplace le feu de circulation.

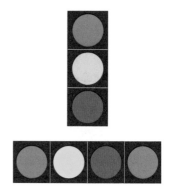

LE FEU ROUGE

Le feu rouge indique l'obligation de s'arrêter. Le conducteur d'un véhicule routier ou d'une bicyclette doit immobiliser son véhicule en deçà de l'intersection, avant un passage pour piétons ou une ligne d'arrêt. En l'absence de cette dernière, le conducteur doit s'immobiliser avant la ligne latérale de la chaussée qu'il s'apprête à croiser. Il ne peut poursuivre sa route que lorsqu'un signal lui permettant d'avancer apparaît. En l'absence de feux de piétons, le piéton doit également se conformer à cette obligation de s'arrêter.

LE FEU JAUNE

La couleur jaune annonce que le feu va passer au rouge et oblige le conducteur d'un véhicule routier ou d'une bicyclette à s'immobiliser avant le passage pour piétons ou la ligne d'arrêt. En l'absence de cette dernière, le conducteur s'arrête avant la ligne latérale de la chaussée qu'il s'apprête à croiser, à moins qu'il n'y soit déjà engagé ou qu'il en soit si près qu'il lui serait impossible de s'immobiliser sans danger. Il ne peut poursuivre sa route que lorsqu'un signal lui permettant d'avancer apparaît. En l'absence de feux de piétons, le piéton doit également s'y conformer.

SIGNAUX LUMINEUX

LE FEU VERT

Le conducteur d'un véhicule routier ou d'une bicyclette qui fait face à un feu vert, clignotant ou non, doit poursuivre sa route après avoir cédé le passage aux véhicules routiers, aux cyclistes et aux piétons déjà engagés dans l'intersection. Le piéton faisant face à ce feu peut traverser la chaussée en l'absence de feux de piétons.

Lorsque le feu vert clignote, cela signifie que le virage à gauche est protégé, c'est-à-dire que les véhicules circulant en sens inverse sont immobilisés.

LA FLÈCHE ROUGE

La flèche rouge signale au conducteur l'interdiction de circuler dans le sens indiqué par la flèche.

LA FLÈCHE JAUNE

La flèche jaune a la même fonction que le feu jaune, mais elle précise le sens de la circulation.

LA FLÈCHE VERTE

La flèche verte clignotante ou non signale au conducteur d'un véhicule routier ou d'une bicyclette qu'il doit circuler dans le sens indiqué, en respectant les règles de priorité de passage qui prévalent devant un feu vert.

SIGNAUX LUMINEUX

FEUX CLIGNOTANTS

Les feux clignotants, jaunes ou rouges, sont utilisés comme signalisation additionnelle pour souligner un point de conflit important.

LE FEU ROUGE CLIGNOTANT

Le conducteur d'un véhicule routier ou d'une bicyclette doit, au feu rouge clignotant, immobiliser son véhicule et céder le passage à tout véhicule qui, circulant sur une autre chaussée, s'engage dans l'intersection ou se trouve à une distance telle qu'il y a danger d'accident. Lorsqu'il est utilisé, le feu rouge clignotant accompagne un panneau *Arrêt*.

LE FEU JAUNE CLIGNOTANT

Au feu jaune clignotant, le conducteur d'un véhicule routier ou d'une bicyclette doit réduire sa vitesse et, après avoir cédé le passage aux autres usagers déjà engagés dans l'intersection, poursuivre sa route.

Les feux clignotants accompagnant une signalisation de prescription ou de danger, ont pour fonction d'attirer l'attention sur un danger ou une obligation.

FEUX POUR PIÉTONS

Les feux pour piétons régularisent les déplacements des piétons et leur évitent d'être en conflit avec les véhicules routiers.

Il existe deux types de feux pour piétons : les feux standards et les feux à décompte numérique.

Les feux standards sont composés de deux lanternes ; l'une montrant la silhouette d'un piéton en marche, l'autre montrant une main orange tandis que les feux à décompte numérique sont des feux standards auxquels une troisième lanterne est ajoutée.

SIGNAUX LUMINEUX

La silhouette d'un piéton en marche

La silhouette du piéton indique aux piétons qu'ils peuvent traverser la chaussée dans le passage qui leur est réservé. À certaines intersections, un signal sonore s'adressant aux personnes souffrant de déficience visuelle émet un son continu lorsque la silhouette est allumée. Quand cette dernière commence à clignoter, le signal sonore émet un son intermittent et le piéton qui a déjà commencé à traverser doit presser le pas jusqu'au trottoir ou jusqu'à l'îlot médian.

La main orange

La main avertit les piétons de ne pas s'engager sur la chaussée. Lorsqu'elle clignote, le piéton qui a déjà commencé à traverser doit presser le pas jusqu'au trottoir ou à l'îlot médian.

Le décompte numérique

Le décompte numérique indique le temps alloué aux piétons pour traverser l'intersection.

FEUX POUR CYCLISTES

Les feux pour cyclistes, installés pour régulariser les déplacements des cyclistes, sont composés de trois feux disposés verticalement. Chaque lentille comporte une bicyclette de couleur rouge, jaune ou verte. La signification des couleurs des bicyclettes est la même que pour les feux de circulation.

SIGNAUX LUMINEUX

FEUX D'UTILISATION DE VOIE

Les feux d'utilisation de voie sont constitués d'un feu rouge ayant la forme d'un X, d'un feu vert en forme de flèche pointant vers le bas et d'un feu jaune en forme de flèche horizontale clignotante. Ils sont installés au-dessus d'une ou de plusieurs voies de la chaussée pour y permettre ou y interdire le passage des véhicules. La signification des symboles est la suivante :

LE X ROUGE

Le X rouge indique au conducteur de ne pas circuler ni s'arrêter dans la voie au-dessus de laquelle il est placé.

LA FLÈCHE VERTE POINTANT VERS LE BAS

La flèche verte indique au conducteur qu'il peut circuler dans la voie au-dessus de laquelle elle est placée.

LA FLÈCHE JAUNE HORIZONTALE CLIGNOTANTE

La flèche jaune accompagne généralement le X rouge et indique au conducteur qu'il doit effectuer avec prudence un changement de voie vers la gauche ou vers la droite, parce que la voie sur laquelle il circule est fermée un peu plus loin.

FEUX DE PASSAGE À NIVEAU

Les feux de passage à niveau sont constitués de feux rouges clignotants alternativement et installés au croisement d'une route et d'un chemin de fer. Lorsqu'ils fonctionnent, ils indiquent aux conducteurs et aux piétons l'approche ou la présence d'un véhicule sur rails et l'obligation de s'immobiliser avant le passage.

FEUX DE RÉGLEMENTATION DE STATIONNEMENT

Les feux de réglementation de stationnement sont des dispositifs constitués de feux lumineux de couleur orange, accompagnés d'un panneau de réglementation. Ils ont pour effet de réglementer le stationnement sur rue, à certaines heures, en vue de faciliter les travaux d'entretien de la voie publique. La réglementation sur le panneau s'applique lorsque les feux sont en fonction.

FEUX DE TRAVAUX

Les feux de travaux servent à signaler aux usagers les zones de travaux d'entretien ou de réparation d'un chemin. Les usagers doivent diminuer leur vitesse et être vigilants à l'approche de l'aire de travail.

LE GYROPHARE

Le gyrophare jaune placé sur un véhicule indique aux usagers de la route l'une ou l'autre des situations suivantes :

- le véhicule peut nuire à la circulation ;
- le véhicule peut circuler beaucoup plus lentement que la vitesse maximale permise ou à une vitesse inférieure à la vitesse minimale prescrite ;
- le véhicule peut accompagner un autre véhicule dont les manœuvres peuvent nuire à la circulation.

SIGNAUX LUMINEUX

SIGNAUX LUMINEUX

LA FLÈCHE DE SIGNALISATION

La flèche fixée sur un véhicule ou sur une remorque indique aux usagers qu'une voie de circulation est obstruée et qu'ils doivent emprunter avec prudence la voie de circulation demeurée ouverte. Le sens de la flèche indique la voie à utiliser. La flèche double indique qu'on peut circuler à gauche ou à droite de la voie obstruée. Pour indiquer la présence d'une aire de travail sur une route ayant une voie de circulation dans chaque sens, seule la barre centrale de la flèche de signalisation est allumée.

VÉHICULE MUNI DE FEUX CLIGNOTANTS POUR TRAVAUX MOBILES

Le montage de feux clignotants est placé sur un véhicule d'accompagnement qui suit des travaux mobiles. Il est composé d'un panneau de signalisation de travaux fixé sur une plaque carrée de couleur noire et munie à chaque coin d'un feu jaune clignotant.

FEUX DE CIRCULATION TEMPORAIRES POUR TRAVAUX

Les feux de circulation temporaires pour travaux sont des feux de circulation installés aux abords d'une aire de travail lorsque la circulation doit se faire sur une seule voie en alternance.

FEUX DE PRIORITÉ POUR AUTOBUS

Le feu de priorité pour autobus est un dispositif ajouté aux feux de circulation pour accorder un mouvement protégé aux autobus, afin de favoriser leur insertion dans le flot de la circulation. Le feu de priorité pour autobus est constitué d'une lentille noire sur laquelle apparaît une bande verticale de couleur blanche.

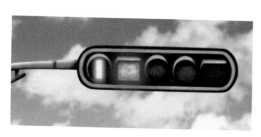

FEUX DE SIGNALISATION À UN POSTE DE CONTRÔLE ROUTIER

Ces feux sont installés uniquement dans les postes de contrôle routier. Ils indiquent au conducteur d'un véhicule lourd les manœuvres à effectuer, selon la couleur du feu ou le symbole.

- Feu rouge :
  arrêter pour pesée.

- Flèche jaune pointant vers le haut :
  avancer lentement.

- Flèche jaune pointant vers la droite :
  entrer au poste.

- Flèche jaune pointant vers le bas :
  reculer lentement.

- Feu vert :
  pesée terminée, départ autorisé.

MARQUES SUR LA CHAUSSÉE

Les marques sur la chaussée visent à délimiter clairement les parties de la chaussée réservées aux différentes voies de circulation ou à certaines catégories d'usagers, ainsi qu'à indiquer les mouvements à exécuter. Elles complètent les indications des panneaux de signalisation et des feux de circulation.

FONCTION DES MARQUES SUR LA CHAUSSÉE

Les marques sur la chaussée servent à indiquer :

- le sens de la circulation ;
- les voies de circulation ;
- les zones de dépassement interdit ;
- les rives de la chaussée et les bordures dangereuses ;
- les variations de largeur de la chaussée ;
- les zones de circulation des autobus et des autres véhicules lourds ;
- les abords d'intersection ;
- les lignes d'arrêt des véhicules ;
- les passages pour piétons, pour écoliers et enfants près d'un terrain de jeu ;
- les zones et les places réservées au stationnement ;
- les zones de service réservées aux établissements commerciaux ;
- les manœuvres particulières, au moyen de flèches de sélection ;
- l'approche d'obstacles, qu'ils soient sur le bord de la route ou sur la chaussée ;
- les voies alternées ;
- les voies cyclables ;
- les voies réservées ;
- les voies de virage à gauche dans les deux sens ;
- les rampes de détresse.

COULEURS DES MARQUES SUR LA CHAUSSÉE

Deux couleurs sont utilisées pour différencier la fonction des marques sur la chaussée, soit le jaune et le blanc.

Les marques de couleur jaune:

- séparent les voies d'une chaussée à circulation dans les deux sens;
- délimitent la rive gauche de la chaussée sur les routes à chaussées séparées, les autoroutes et les voies à sens unique;
- délimitent la rive gauche des bretelles d'autoroutes;
- déterminent les endroits où le stationnement est interdit;
- délimitent les endroits où les enfants, les piétons et les écoliers doivent traverser entre les intersections ou aux intersections pour lesquelles il n'y a pas de feux de circulation ou de panneaux d'arrêt;
- recouvrent les bordures pour en accentuer la visibilité;
- délimitent les voies à circulation alternée;
- délimitent les voies de virage à gauche dans les deux sens;
- délimitent les voies réservées à contresens ou en alternance.

Les marques de couleur blanche:

- séparent les voies d'une chaussée à sens unique;
- délimitent la rive droite d'un chemin public à chaussées séparées;
- délimitent les deux rives d'une chaussée à double sens de circulation;
- déterminent l'espace où le stationnement est permis;
- délimitent l'endroit où les piétons, les enfants et les écoliers doivent traverser à une intersection pour laquelle il y a des feux de circulation ou des panneaux d'arrêt;
- précisent l'endroit où les véhicules doivent s'immobiliser;
- délimitent les voies réservées dans le même sens que la circulation.

MARQUES SUR LA CHAUSSÉE

LIGNES, FLÈCHES ET SYMBOLES

Des lignes blanches ou jaunes ainsi que des flèches et des symboles sont tracés sur la chaussée pour rappeler aux usagers un certain nombre de droits, d'obligations et de restrictions. Chaque tracé et chaque couleur a une signification particulière.

LIGNE SIMPLE DISCONTINUE – LIGNE SIMPLE CONTINUE

Les lignes simples discontinues et les lignes simples continues séparent les voies de circulation. Elles sont de couleur blanche lorsqu'elles séparent des voies de circulation qui vont dans le même sens et de couleur jaune lorsqu'elles séparent des voies à sens contraire.

Une ligne simple discontinue peut être franchie à certaines conditions, alors que la ligne simple continue ne peut l'être.

LIGNE MIXTE

Deux lignes jaunes continues accolées l'une à l'autre servent à séparer des voies de circulation à sens inverse. Elles ne peuvent être franchies. Par contre, deux lignes jaunes, l'une continue accolée à une ligne discontinue, servent aussi à délimiter des voies de circulation à sens inverse. Le conducteur peut cependant les franchir à certaines conditions, lorsque la ligne discontinue est de son côté.

LIGNE DE DÉLIMITATION DES VOIES

Les lignes de délimitation des voies sont de couleur blanche et généralement discontinues. Elles servent à canaliser la circulation là où il y a deux voies ou plus dans le même sens. Toutefois, dans certains cas, ces lignes peuvent être continues, simples ou doubles, afin de limiter ou d'interdire le changement de voies, comme aux approches d'un carrefour ou dans les passages souterrains.

VOIE À CIRCULATION ALTERNÉE

En milieu urbain, lorsque, sur une voie, la circulation se fait tantôt dans un sens, tantôt dans l'autre, des lignes de délimitation de cette voie sont tracées. Elles sont constituées de deux lignes jaunes parallèles et discontinues, tracées de part et d'autre des voies.

VOIE RÉSERVÉE AUX VIRAGES À GAUCHE DANS LES DEUX SENS DE LA CIRCULATION

Dans certaines conditions, pour faciliter les manœuvres de virage à gauche, une voie supplémentaire est aménagée à cet effet. Elle est localisée au centre de la chaussée. Les marques de cette voie sont constituées de deux lignes jaunes parallèles, l'une continue et l'autre discontinue, tracées de part et d'autre de la voie. De plus, des flèches de sélection de voies, de couleur jaune, sont tracées pour indiquer clairement que seule la manœuvre de virage à gauche est permise dans cette voie.

VOIE RÉSERVÉE

Les marques sur la chaussée d'une voie réservée en tout temps sont doubles et continues, alors que celles d'une voie réservée à certaines heures du jour sont doubles et discontinues. Le biseau sur la chaussée indique aux usagers circulant sur la voie adjacente à la voie réservée le début d'une section partagée qu'il leur est permis d'emprunter mais uniquement à la condition d'effectuer un virage à la prochaine intersection.

VOIE POUR VÉHICULES LENTS

Une voie supplémentaire pour les véhicules lents est aménagée aux endroits où la capacité du chemin est diminuée à cause de pentes trop raides ou trop longues occasionnant un ralentissement appréciable de la vitesse des véhicules lourds.

LIGNE D'ARRÊT

La ligne d'arrêt de couleur blanche est tracée en travers de la chaussée, perpendiculairement aux intersections où sont installés des feux de circulation ou des panneaux d'arrêt. Elle indique le point limite d'arrêt des véhicules.

PASSAGE POUR PERSONNES

Aux intersections où existent des feux de circulation ou des panneaux d'arrêt, deux lignes blanches parallèles et continues ou des bandes blanches tracées sur la chaussée indiquent l'endroit où les personnes doivent traverser le chemin public. Ailleurs, ces passages sont délimités par des bandes jaunes.

PLACE DE STATIONNEMENT

Les marques délimitant les zones de stationnement permis sont blanches tandis que les marques délimitant les zones de stationnement interdit sont jaunes.

FAUTEUIL ROULANT

Le symbole d'un fauteuil roulant de couleur blanche indique les espaces de stationnement ou les rampes d'accès spécialement aménagés pour les personnes atteintes de déficience physique. Sur les espaces de stationnement, il complète le panneau de prescription de stationnement. Ces espaces doivent être laissés à l'usage exclusif des personnes atteintes de déficience physique.

ZONE D'ARRÊT D'AUTOBUS

En milieu urbain, le marquage des zones d'arrêt d'autobus est formé d'un rectangle dans lequel des lignes en zigzag de couleur jaune sont tracées. Le côté gauche du rectangle est formé d'une ligne discontinue blanche.

DÉTECTEUR DE VÉHICULES

Pour accentuer la présence de détecteurs de véhicules sur la chaussée et pour s'assurer que l'usager de la route se place à l'endroit approprié pour transmettre un signal indiquant sa présence au mécanisme de contrôle des feux de circulation, le symbole illustré est reproduit sur la chaussée, au centre du détecteur. Ceci permet de réduire le temps d'attente aux intersections.

ZONE DE SURVEILLANCE AÉRIENNE

Les zones de surveillance aérienne sont marquées de repères sur l'accotement ou sur la chaussée, en forme de triangles équilatéraux de couleur jaune.

LES FLÈCHES ET LES SYMBOLES

Des flèches blanches sont parfois peintes sur la chaussée. Elles servent à indiquer la direction des voies.

MARQUES SUR LA CHAUSSÉE

La macle blanche, qui a la forme d'un losange allongé sur la chaussée est le symbole de la voie réservée. Elle indique à l'usager de la route qu'une voie de circulation est réservée à certaines catégories de véhicule.

La bicyclette peinte sur la chaussée constitue, quant à elle, le symbole des aménagements cyclables.

PANNEAUX DE SIGNALISATION

Les panneaux de signalisation routière contiennent des pictogrammes et des inscriptions pour faciliter et rendre plus sécuritaire la circulation des usagers de la route.

Très souvent, les panneaux de signalisation sont accompagnés d'un panonceau, soit d'un panneau de dimension réduite dont le message complète celui des panneaux de signalisation.

Les panneaux de signalisation routière se répartissent en quatre catégories et se définissent comme suit :

La signalisation de prescription

Elle indique aux usagers de la route les obligations et les interdictions auxquelles ils doivent se conformer en vertu du *Code de la sécurité routière*.

La signalisation de danger

Elle attire l'attention des usagers de la route aux endroits où ils doivent redoubler de prudence en raison d'obstacles ou de points dangereux sur la route ou à ses abords. Elle prévient l'usager qu'il devra, le cas échéant, ralentir, immobiliser son véhicule ou changer de direction.

PANNEAUX DE SIGNALISATION

La signalisation d'indication

Elle donne à l'usager des indications simples pour atteindre sa destination : distance, direction, nom de rue, point d'intérêt, service ou information.

La signalisation de travaux

Elle signale la présence de travaux de construction ou d'entretien effectués sur un chemin public ou à ses abords et donne les indications utiles pour les franchir en toute sécurité. Elle englobe les objectifs des trois catégories de panneaux précédentes.

FORMES ET COULEURS DES PRINCIPAUX PANNEAUX

Le message transmis par le panneau peut être décodé par la forme, la couleur et le message alphanumérique ou le symbole.

Le choix des couleurs tient compte des conventions nord-américaines. Généralement, les couleurs suivantes sont utilisées pour distinguer les différentes catégories de panneaux :

Blanc et noir : panneau de prescription

Jaune : panneau de danger

Orange : panneau de travaux

Vert, brun ou bleu : panneau d'indication

Pour ce qui est de la forme, certaines permettent de distinguer une catégorie de panneaux. Par exemple, le losange identifie les panneaux de danger et des travaux. Aussi, certaines formes sont réservées à des panneaux particuliers. Par exemple, l'octogone est réservé au panneau d'arrêt et le pentagone est réservé à une zone scolaire.

Finalement, les panneaux de prescription, de danger et de travaux transmettent leurs messages à l'aide de flèches et de symboles tandis que les panneaux d'indication ont des messages nécessairement alphanumériques.

Le tableau suivant précise les formes et couleurs des quatre catégories de panneaux.

Catégorie	Formes	Couleur	Remarques
Prescription		Rouge	Réservé à l'arrêt
		Rouge et blanc	Réservé au panneau *Cédez le passage*
		Noir	
		Blanc	
		Noir	Réservé au panneau *Sens unique*

Catégorie	Formes	Couleur	Remarques
Danger et travaux		Jaune-vert	Réservé au panneau *Début d'une zone scolaire*
		Jaune-vert	Réservé au panneau *Signal avancé d'une zone scolaire ou d'un passage pour écoliers*
		Jaune	Réservé au danger
		Orange	Réservé aux travaux
		Jaune	Danger
		Orange	Travaux
		Jaune	Danger
		Orange	Travaux
		Rouge et blanc	Réservé au panneau *Chevron d'alignement*

PANNEAUX DE SIGNALISATION

Catégorie	Formes	Couleur	Remarques
Indication		Bleu	Réservé aux autoroutes
		Vert	Réservé aux routes
		Bleu	Information touristique
		Brun	Attraits touristiques publics
		Rouge	Équipements d'urgence
		Vert	Autoroutes, routes et voies cyclables
		Vert	Autoroutes, routes et voies cyclables
		Bleu	Équipements touristiques privés et services sur autoroutes
		Brun	Attraits touristiques publics et repères géographiques
		Jaune	Réservé aux sorties d'autoroute

LES PICTOGRAMMES

Dans le but de faciliter la lecture et la compréhension des signaux routiers, on utilise des pictogrammes qui remplacent les inscriptions autrement nécessaires. Les principaux pictogrammes utilisés sont la flèche, la silhouette et le symbole.

• La flèche

La flèche est utilisée pour déterminer les espaces touchés par la réglementation, pour annoncer un prochain message et pour indiquer les hauteurs libres, les voies à suivre ou à utiliser, les changements de direction, les manœuvres et les destinations.

• La silhouette

La silhouette signifie que des êtres et des choses sont touchés par la réglementation ; elle indique la configuration des lieux, encourage l'usager à redoubler de vigilance et communique des renseignements.

• Le symbole d'interdiction

Ce symbole, constitué d'une couronne rouge et d'une barre diagonale de même couleur, indique que tout ce qui figure à l'intérieur fait l'objet d'une interdiction.

• Le symbole d'obligation

Ce symbole, constitué d'une couronne verte, indique que tout ce qui figure à l'intérieur fait l'objet d'une obligation.

DÉSIGNATION ET SIGNIFICATION DES PANNEAUX DE SIGNALISATION ROUTIÈRE

Signalisation de prescription

Arrêt

Indique l'obligation d'effectuer un arrêt complet à une intersection.

Arrêt toutes directions : placé sous le panneau *Arrêt* aux intersections, il indique que les usagers provenant de toutes les directions ont l'obligation d'effectuer un arrêt. La forme représente la configuration de l'intersection (**+, T, Y**).

Entrée interdite

Indique que l'accès est interdit à toutes les catégories de véhicules. Il est utilisé pour empêcher que des conducteurs s'engagent à contresens sur une voie à sens unique et provoquent une collision frontale.

Ce panonceau accompagne le panneau d'entrée interdite pour préciser la signification du symbole.

Cédez le passage

Indique au conducteur qui désire intégrer une autre route qu'il doit céder le passage aux véhicules qui y circulent déjà.

Cédez le passage à un carrefour giratoire : Indique au conducteur qui désire entrer dans un carrefour giratoire (une chaussée à sens unique disposée autour d'un îlot central) qu'il doit céder le passage aux véhicules qui circulent déjà à l'intérieur de l'anneau.

Face à ces panneaux, certains conducteurs poursuivent leur chemin comme si de rien n'était. En revanche, d'autres marquent systématiquement un arrêt complet. Les uns et les autres perturbent inutilement la circulation. L'objectif ici est de s'engager sur la route prioritaire sans s'arrêter, mais sans gêner les conducteurs qui y circulent. C'est seulement lorsqu'il est impossible de faire autrement qu'il faut s'arrêter.

Indique que la priorité de passage doit être accordée aux véhicules circulant en sens inverse. Ce panneau peut être utilisé lors de travaux, où il n'y a pas de signaleur, aux endroits où il n'y a qu'une voie libre pour les deux directions. Il peut être utilisé également sur certains ponts étroits.

Ligne d'arrêt

Indique l'emplacement d'une ligne d'arrêt sur la chaussée, où les véhicules doivent s'arrêter.

SIGNALISATION DE PRESCRIPTION

Limite de vitesse

Indique les limites de vitesse maximale et minimale autorisées.

Les limites de vitesse légales sont toujours indiquées par un nombre dont le dernier chiffre est un zéro.

Indique la vitesse maximale permise dans une zone scolaire ainsi que les périodes durant lesquelles cette limite s'applique, soit les heures de la journée, les jours de la semaine et les mois.

Sens unique

Indique l'obligation de circuler sur un chemin dans le sens indiqué.

Début de sens unique

Indique, sur un chemin à deux sens de circulation, la fin de la circulation à double sens et le début de la circulation dans un sens seulement.

Circulation dans les deux sens

Indique qu'une chaussée à sens unique devient une chaussée à circulation dans les deux sens.

Contournement d'obstacle

Indique la présence d'un obstacle qui doit être contourné par la droite.

Indique la présence d'un obstacle qui doit être contourné par la gauche.

Indique que l'obstacle peut être contourné indifféremment par la droite ou par la gauche.

Direction des voies

Les panneaux suivants indiquent au conducteur la direction à emprunter. Il doit donc se positionner dans la bonne voie pour aller dans la direction qu'il veut. Lorsque la flèche se divise en deux ou trois directions, il doit emprunter l'une ou l'autre des directions indiquées.

SIGNALISATION DE PRESCRIPTION

Ces panneaux obligent le conducteur à :

Aller
tout droit

Tourner
à droite

Tourner
à gauche

Aller tout droit ou tourner à droite

Aller tout droit ou tourner à gauche

Tourner à droite ou à gauche

VOIE DU
CENTRE

Ces panneaux indiquent que cette
voie est réservée aux virages à gauche,
dans les deux sens de la circulation.

Aller tout droit dans la voie de droite ; tourner à
gauche dans la voie de gauche.

Tourner à droite dans la voie de droite ; aller tout
droit dans la voie de gauche.

Aller tout droit dans la voie de droite ; aller tout droit ou tourner à gauche dans la voie de gauche.

Aller tout droit ou tourner à droite dans la voie de droite ; aller tout droit dans la voie de gauche.

Aller tout droit ou tourner à droite dans la voie de droite ; tourner à gauche dans la voie de gauche.

Tourner à droite dans la voie de droite ; aller tout droit ou tourner à gauche dans la voie de gauche.

Aller tout droit ou tourner à gauche dans la voie de droite ; tourner à gauche dans la voie de gauche.

Tourner à droite dans la voie de droite ; aller tout droit ou tourner à droite dans la voie de gauche.

Aller tout droit dans la voie de droite et la voie centrale ; tourner à gauche dans la voie de gauche.

Tourner à droite dans la voie de droite ; aller tout droit dans la voie centrale et la voie de gauche.

Tourner à droite dans les deux voies de droite.

Tourner à gauche dans les deux voies de gauche.

Tourner à gauche dans la voie de gauche et tourner à gauche, aller tout droit ou tourner à droite dans la voie de droite.

Tourner à gauche, aller tout droit ou tourner à droite dans la voie de gauche et tourner à droite dans la voie de droite.

Note : Certains panneaux indiquant la direction des voies peuvent encore paraître avec des flèches noires sur fond blanc. Ces panneaux seront remplacés par des panneaux sur fond noir, conformément à la norme de signalisation, d'ici le 30 juin 2006.

Voie alternée

Une voie alternée est une voie où le sens de la circulation peut parfois varier selon les heures ou l'état de la circulation. Ici, par exemple, c'est la voie du centre.

Lorsqu'il y a une voie alternée, des panneaux sont installés au-dessus des voies de circulation.

Une flèche verte indique au conducteur qu'il peut utiliser cette voie.

Une croix rouge indique que la voie est réservée aux véhicules circulant dans le sens inverse.

Manœuvre obligatoire ou interdite à certaines intersections

Dans cette section, les cercles verts ne font pas que vous autoriser à faire quelque chose ; ils vous y obligent et vous devez vous y conformer. Aucune autre manœuvre que celle illustrée sur le panneau n'est permise.

A. Ces panneaux indiquent donc **l'obligation** de :

Aller tout droit

Tourner à gauche

Tourner à droite

SIGNALISATION DE PRESCRIPTION

Aller tout droit ou tourner à droite

Aller tout droit ou tourner à gauche

Tourner à droite ou à gauche

B. Ces panneaux indiquent qu'il est **interdit** de :

Aller tout droit

Tourner à gauche

Tourner à droite

Faire demi-tour à une intersection ou en utilisant un espace aménagé au centre d'un terre-plein.

Tourner à droite lorsque le feu est rouge. Lorsque cette interdiction est de durée limitée, les périodes pendant lesquelles elle s'applique sont indiquées.

Indiquent que l'obligation ou l'interdiction de manœuvres est d'une durée temporaire ou ne s'appliquent pas à certaines catégories de véhicules. Lorsque le panonceau Excepté véhicules autorisés est fixé sous le panneau Interdiction de faire demi-tour, les véhicules autorisés sont ceux utilisés pour dispenser des services d'urgence, pour assurer la sécurité routière ou publique ou pour procéder à l'entretien, à la réfection ou à la construction du réseau routier.

Interdiction de dépasser

Indique le début d'une zone où le dépassement est interdit.

Ce panonceau peut compléter le panneau précédent pour indiquer la fin d'une zone de dépassement interdit.

Stationnement réglementé

Ce type de panneaux indique les endroits où le stationnement est interdit ou autorisé. Différents symboles ou inscriptions, lorsqu'ils sont inscrits, précisent la réglementation qui s'applique en fonction des catégories de véhicules, des minutes, des heures, des jours, des mois ou de l'étendue de la zone (au moyen de la flèche appropriée).

SIGNALISATION DE PRESCRIPTION

SIGNALISATION DE PRESCRIPTION

Indique les endroits où le stationnement est autorisé uniquement pour les personnes atteintes de déficience physique.

Ce panonceau est installé sous les panneaux de stationnement réglementé lorsque le véhicule en infraction peut être remorqué.

Ce panneau est installé dans certaines municipalités pour interdire le stationnement en période hivernale ou pour indiquer des restrictions qui s'adressent à certaines catgories de véhicule.

Ce panneau est utilisé avec les feux de réglementation de stationnement pour informer le conducteur que le stationnement est interdit, pour les opérations d'entretien, lorsque les feux orange sont allumés.

Ce panneau indique la zone de stationnement autorisée et tarifée.

Ce panonceau indique l'endroit où se situe l'horodateur de façon à ce que le conducteur puisse payer lorsque la zone de stationnement est tarifée.

Arrêt interdit

  Indiquent qu'il est interdit d'arrêter à l'endroit signalé par le panneau. Ces panneaux peuvent comporter le même type de flèches et d'inscriptions que les panneaux de stationnement réglementé.

Passage

Ce type de panneau indique la présence, sur un chemin public, d'un endroit où peuvent traverser des personnes. Le conducteur doit être très prudent et être prêt à arrêter. En effet, lorsqu'une personne s'engage dans un de ces passages, le conducteur de tout véhicule routier ou le cycliste doit immobiliser son véhicule pour permettre à la personne de traverser sans danger.

Passage pour
piétons

Passage pour
écoliers

Passage pour
enfants près d'un
terrain de jeux

Passage pour
personnes atteintes de
déficience physique

Passage pour
personnes atteintes de
déficience visuelle

Passage
pour piétons
et cyclistes

SIGNALISATION DE PRESCRIPTION

Divers

Indique qu'il est interdit de jeter des ordures.

Indique le montant de l'amende à payer en cas d'infraction.

Indique qu'il est interdit de circuler avec un véhicule muni d'un détecteur de radar.

Indiquent qu'il est obligatoire de fermer et de sceller les bonbonnes de gaz pour être admis sur un traversier.

Port de la ceinture de sécurité

Indique l'obligation de porter la ceinture de sécurité.

Trajet obligatoire

Ces panneaux indiquent la ou les routes que les conducteurs de certains types de véhicules doivent emprunter.

Camions

Motocyclettes

Automobiles

Pour indiquer la direction du trajet à suivre, les panneaux de trajet obligatoire doivent être complétés par un panonceau de direction.

Trajet obligatoire pour les camions circulant en transit

Ces panneaux indiquent aux camionneurs circulant en transit qu'ils doivent poursuivre leur route dans la direction indiquée par la ou les flèches. Un camion en transit est un véhicule qui passe par un lieu où il n'y a pas de livraison locale à effectuer. La silhouette du camion sur les panneaux vise également le véhicule-outil et le véhicule de transport d'équipement. Cependant, elle ne vise pas le véhicule de ferme, la machinerie agricole ni le véhicule hors norme circulant en vertu d'un permis spécial de circulation.

Note : On trouve également le même type de panneaux pour indiquer les autres directions.

SIGNALISATION DE PRESCRIPTION

Lorsque ce panneau est situé sur une route où la circulation de transit est interdite, il permet au camionneur qui doit effectuer une livraison locale de circuler sur cette route.

Ce panneau, installé au-dessus d'une voie, indique aux conducteurs de camions, de véhicules-outils et de véhicules de transport d'équipement l'obligation d'emprunter cette voie. Lorsque cette obligation est imposée sur plus de 2 km, un panonceau en indique la distance totale.

Accès interdit

Ces panneaux indiquent les chemins ou les voies dont l'accès est interdit à certains usagers de la route ou à certains types de véhicules.

Automobiles

Motocyclettes

Bicyclettes

Automobiles et motocyclettes

Automobiles et bicyclettes

Véhicules tout-terrains (Quad)

Piétons

Piétons et
motocyclettes

Piétons et
bicyclettes

Cavaliers

Motoneiges

Autobus
urbains

Autobus
interurbains

Minibus

Autobus
scolaires

Patineurs à
roues alignées

Véhicules
récréatifs

Véhicules
avec remorque

SIGNALISATION DE PRESCRIPTION

SIGNALISATION DE PRESCRIPTION

Accès interdit aux camions, aux véhicules-outils et aux véhicules de transport d'équipement

Ces panneaux indiquent aux conducteurs de camion qu'il leur est interdit de circuler sur un chemin public lorsque la charge, la longueur, la largeur ou le nombre d'essieux de leur véhicule excède les limites maximales autorisées sur ce chemin public. La silhouette du camion sur les panneaux vise également le véhicule-outil et le véhicule de transport d'équipement. Cette interdiction ne s'applique pas quand ils doivent faire une livraison locale, lorsque c'est précisé.

EXCEPTÉ
LIVRAISON
LOCALE

X m ET PLUS DE LARGEUR

X ESSIEUX ET PLUS

XX t ET PLUS

XX m ET PLUS

X ESSIEUX ET PLUS
EXCEPTÉ
LIVRAISON LOCALE

EXCEPTÉ
LIVRAISON
LOCALE

XX t ET PLUS
EXCEPTÉ
LIVRAISON LOCALE

XX m ET PLUS
EXCEPTÉ
LIVRAISON LOCALE

Indique au camionneur qu'il circule sur un chemin identifié comme une route de livraison. Cela lui permet d'entrer et de circuler dans une zone de circulation interdite aux camions et de circuler dans les rues transversales.

Accès interdit aux camions dans la voie désignée par le panneau.

Transport de matières dangereuses

Ces panneaux indiquent soit que les véhicules transportant des matières dangereuses sont tenus d'emprunter la route indiquée, soit que l'accès à la route indiquée leur est interdit. Ces prescriptions s'adressent de prime abord aux transporteurs industriels ou commerciaux, qui sont censés connaître leurs obligations. Il peut cependant arriver que des particuliers soient concernés s'ils doivent transporter des quantités inhabituelles de carburant, des explosifs ou des produits chimiques.

Trajet obligatoire pour les véhicules transportant des matières dangereuses. Le trajet est indiqué par la flèche paraissant sur le panonceau qui l'accompagne.

Accès interdit aux véhicules transportant des matières dangereuses.

SIGNALISATION DE PRESCRIPTION

Ce panneau, installé au-dessus d'une voie, indique aux conducteurs de véhicules transportant des matières dangereuses l'obligation d'emprunter cette voie.

Accès interdit dans la voie désignée par le panneau aux véhicules transportant des matières dangereuses.

Exemption d'arrêt à un passage à niveau

Ces panneaux indiquent aux conducteurs des véhicules ayant l'obligation d'arrêter à un passage à niveau qu'ils en sont exemptés. Cette information concerne uniquement les véhicules normalement soumis à l'obligation d'arrêter aux passages à niveau, comme les autobus ou encore les véhicules transportant des matières dangereuses. Elle apparaît lorsque la voie ferrée est désaffectée ou que le trafic ferroviaire est rare et que des mesures spéciales ont été prises pour assurer la sécurité au passage du train.

Limitation de poids

Ces panneaux indiquent au conducteur de toute catégorie de véhicules routiers, dont le poids total en charge dépasse le poids maximal inscrit sur le panneau, qu'il ne peut pas emprunter certains ponts ou viaducs.

Ce panonceau, placé sous le panneau précédent, indique la distance à parcourir de l'intersection vers le pont ou le viaduc visé par la limitation de poids.

Ce panonceau, placé sous le panneau de limitation de poids, indique que la structure du pont ou du viaduc ne peut supporter plus d'un des véhicules routiers visés par le panneau.

Ce panneau indique aux conducteurs de camions dont la masse excède la limite légale qu'il leur est interdit de circuler sur certains ponts ou viaducs. Il ne s'applique pas au conducteur d'un tel véhicule expressément autorisé par un permis spécial de circulation.

Dégel

Indique l'obligation de respecter les restrictions de charge totale fixées par règlement, durant les périodes de dégel.

SIGNALISATION DE PRESCRIPTION

Voie pour véhicules lents

Indique l'obligation pour tout conducteur qui circule lentement de prendre la voie de droite. Bien que le pictogramme représente un camion, il concerne tout véhicule circulant lentement.

Vérification des freins

Indique au conducteur d'un véhicule routier ou d'un ensemble de véhicules, dont le poids total en charge est de 3 000 kg et plus, l'obligation de vérifier lui-même l'état des freins de son véhicule en effectuant un arrêt dans l'aire de vérification, à l'endroit indiqué par un panneau *Arrêt*.

À ce panneau, sont associés, selon le cas, le panonceau indiquant la distance à parcourir pour atteindre l'aire de vérification et le panonceau indiquant la direction à suivre.

Ce panneau, installé dans l'aire de vérification des freins, indique qu'il reste au plus 30 mètres avant le panneau *Arrêt* installé à la sortie de l'aire.

Poste de contrôle routier

Indique la présence d'un poste de contrôle où les conducteurs de camions, de dépanneuses, de véhicules de transport d'équipement, de véhicules-outils et de véhicules dont la remorque ou la semi-remorque a plus de 10 m de longueur doivent conduire leur véhicule pour y effectuer les vérifications exigibles.

Ces panonceaux indiquent la distance et la direction du poste de pesée de contrôle routier.

 Quand les feux fonctionnent, indique l'obligation de s'arrêter au poste de contrôle pour un camion porteur ou un tracteur routier dont la masse nette dépasse 3 000 kg.

 Indique la direction que doit prendre un véhicule dans un poste de contrôle selon qu'il est vide ou chargé.

Voie réservée

La macle blanche (symbole ayant la forme d'un losange allongé) située dans le coin supérieur gauche du panneau et placée sur un fond rouge ou noir indique la présence d'une voie réservée.

Macle sur fond noir

Indique que, dans une voie réservée, les véhicules se déplacent dans le sens de la circulation.

Macle sur fond rouge

Indique que, dans une voie réservée, la circulation se fait à contresens ou en alternance dans les deux sens.

Indiquent qu'une voie de circulation est réservée aux catégories d'usagers indiquées et la période d'application (le cas échéant). La flèche désigne la voie concernée.

SIGNALISATION DE PRESCRIPTION

Indique la fin des voies réservées

Le symbole de covoiturage est représenté par un chiffre sur la silhouette d'un véhicule. Il indique le nombre minimal de personnes qu'un véhicule doit transporter pour être autorisé à emprunter la voie réservée.

Signalisation de danger

Les panneaux de danger ne demandent pas toutes les mêmes actions de la part du conducteur. Selon les circonstances, le conducteur doit:

- changer de voie;
- immobiliser son véhicule;
- réduire sa vitesse;
- être plus alerte et attentif.

Signal avancé d'arrêt

Annoncent l'approche d'un panneau *Arrêt*.

Signal avancé de *Cédez le passage*

Annonce l'approche d'un panneau *Cédez le passage*.

Annonce l'approche d'un panneau obligeant à céder le passage à la circulation venant en sens inverse.

Modification à la signalisation existante et nouvelle signalisation

Ce type de signalisation prévient d'un changement des dispositifs de contrôle de la circulation à une intersection.

Indique la date à laquelle le panneau *Arrêt* sera enlevé.

Indique la date à laquelle le panneau *Arrêt* entrera en vigueur.

Montrent la position des panneaux *Arrêt* installés à une intersection. Ils sont accompagnés du panonceau *Nouvelle signalisation*.

Note : le mot *STOP* peut être utilisé sur les panneaux précédents plutôt que le mot *ARRÊT*.

SIGNALISATION DE DANGER

Indique la date à laquelle les feux de circulation seront enlevés.

Indique la date à laquelle les feux de circulation seront en service.

Indique la date à laquelle entrera en vigueur une nouvelle limite de vitesse permise qui sera inférieure à la limite en cours.

Indique toute nouvelle signalisation de type *Cédez le passage*, *Feux de circulation* et *Changement de sens unique*.

Indique le changement des limites de vitesse. Il est installé sous le panneau *Limite de vitesse*.

Signal avancé de feux de circulation

Annonce l'approche de feux de circulation à une intersection.

SIGNALISATION DE DANGER

Préparez-vous à arrêter

Indiquent l'approche d'une intersection avec feux de circulation ou d'un passage à niveau. Ces panneaux sont utilisés lorsque des feux de circulation ou un passage à niveau sont installés sur une route où on ne s'attendrait pas normalement à en trouver. Ils sont dotés de feux jaunes qui commencent à clignoter lorsque le feu de circulation ou les feux de passage à niveau sont sur le point de passer au rouge. Il importe de se préparer à arrêter.

Signal avancé de limitation de vitesse

Annonce l'approche d'une zone où la vitesse permise est diminuée d'au moins 30 km/h.

Lorsque le panneau *Signal avancé* est utilisé à l'approche d'une zone scolaire où une limite de vitesse est prescrite pendant certaines périodes, ce panonceau précise ces périodes, soit les heures de la journée, les jours de la semaine et les mois.

Circulation dans les deux sens

Annonce l'approche d'une zone où la circulation s'effectue dans les deux sens.

Chaussée séparée

 Prévient le conducteur qu'il approche d'une chaussée séparée où le contournement doit se faire uniquement par la droite.

 Prévient le conducteur que le contournement peut se faire par la gauche ou par la droite.

 Prévient le conducteur de la fin de la chaussée séparée.

Signal avancé de direction des voies

Ces panneaux indiquent à l'avance la voie dans laquelle le conducteur doit se ranger pour effectuer une manœuvre à un carrefour.

Note : On trouve également le même type de panneaux pour annoncer une courbe vers la gauche.

Virage

Annonce une courbe vers la gauche.

Annonce une courbe prononcée vers la gauche.

Annonce deux courbes qui se succèdent en directions opposées.

Annonce deux courbes prononcées qui se succèdent en directions opposées.

Annonce trois courbes ou plus se succédant à moins de 150 mètres l'une de l'autre.

Indique la distance sur laquelle s'étendent les courbes, lorsqu'elle est de plus de 1 km.

Annonce un virage dont l'angle de déviation est supérieur à 90°.

SIGNALISATION DE DANGER

Vitesse recommandée

Panonceau indiquant la vitesse recommandée pour circuler près d'un obstacle ou d'un point dangereux sur un chemin public.

Note : On trouve également le même type de panneaux pour annoncer une courbe vers la droite ou des courbes successives débutant vers la droite.

Indique la vitesse recommandée dans les voies de sortie d'une autoroute. La vitesse recommandée permet au conducteur de parcourir une courbe avec une marge de sécurité suffisamment grande pour effectuer un freinage d'urgence sur une chaussée mouillée.

Voie convergente

Indique que des véhicules peuvent s'engager dans la voie où vous circulez.

Indique l'approche d'une voie convergente réservée aux autobus.

Voie parallèle

Indique au conducteur qu'il y a une ou plusieurs voies distinctes pour la circulation adjacente et qu'il peut poursuivre son chemin sans changer de voie sur une distance d'au moins 1 km.

Note : les voies convergentes ou voies parallèles peuvent être situées à gauche plutôt qu'à droite.

Intersection

Le pictogramme indique l'approche d'un point où le chemin public en croise un autre et le type de configuration de l'intersection.

Annonce une intersection en forme de croix.

Annonce une intersection en forme de T.

Indiquent la direction du chemin public, tel qu'il apparaît au conducteur.

Annonce une bifurcation en Y.

Annoncent une intersection en forme de T dans une courbe.

Annoncent que le chemin public croise un autre chemin public comportant une chaussée séparée par un terre-plein très large.

Indique un carrefour giratoire, c'est-à-dire une chaussée à sens unique disposée autour d'un îlot central.

Passage étroit

 Indique que la largeur de la chaussée d'un pont ou d'un tunnel est moindre qu'à leurs abords.

 Indique qu'une seule voie est accessible pour circuler et que la chaussée a au plus 6 mètres de largeur.

Limitation de hauteur

  Indiquent la hauteur libre des ponts, des viaducs et des tunnels. Le panneau en forme de losange en est le signal avancé, alors que le panneau carré est placé sur le pont, le viaduc ou le tunnel.

Signal avancé de passage à niveau

Ces panneaux annoncent un passage à niveau situé à au plus 50 mètres d'une intersection en milieu urbain et à au plus 125 mètres en milieu rural.

Les panneaux ci-dessous annoncent l'approche d'un passage à niveau traversant un chemin et montrent l'angle de la voie ferrée par rapport à ce chemin.

 Ce panneau est installé lorsque les conditions géométriques d'un chemin public et d'une voie ferrée obligent les conducteurs de camions à réduire considérablement leur vitesse pour traverser en toute sécurité la voie ferrée.

Visibilité restreinte

  Indiquent que la visibilité est restreinte ou même nulle, à cause de l'inclinaison abrupte de la route.

Chaussée rétrécie

Ces panneaux indiquent que la largeur de la chaussée est diminuée sans qu'il y ait réduction du nombre de voies de circulation. Ces panneaux n'exigent pas d'action particulière de la part du conducteur, mais bien une attention accrue. À ne pas confondre avec la signalisation *perte de voie*.

Rétrécissement des deux côtés   Rétrécissement par la droite   Rétrécissement par la gauche

Perte de voies

Ces panneaux indiquent la fin d'une voie de circulation. Ils exigent que le conducteur change de voie s'il circule dans la voie qui va prendre fin après avoir cédé le passage aux véhicules circulant dans la voie qui subsiste. À ne pas confondre avec la signalisation chaussée rétrécie.

Des marques sur la chaussée peuvent accompagner ces panneaux.

Note : Les panneaux peuvent indiquer la fin de voies de circulation du côté gauche plutôt que du côté droit.

Ce panonceau indique à quelle distance commence la perte de voie.

Fin d'une voie ou d'un chemin

Marque l'endroit où prend fin une voie ou un chemin.

Pente raide

Ces panneaux indiquent le pourcentage d'inclinaison d'une pente. Ils signalent les pentes atteignant au moins 6 % (dénivellation de 6 mètres tous les 100 mètres). Plus le pourcentage est élevé, plus la pente est abrupte. Les pentes ainsi signalées exigent des précautions particulières de la part des conducteurs de véhicules lourds, ce pourquoi le pictogramme montre un camion. Elles peuvent toutefois s'avérer hasardeuses pour les autres conducteurs également, surtout si elles comportent des virages ou si la chaussée est glissante.

SIGNALISATION DE DANGER

Annonce le pourcentage maximal d'une pente.

Annonce qu'une pente a une longueur supérieure à un kilomètre.

Ces panneaux sont utilisés lorsque deux pentes importantes, d'inclinaisons différentes, se succèdent. La longueur totale est indiquée, si elle est supérieure à 1 kilomètre.

Signal avancé de voie réservée

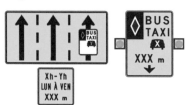

Annoncent l'approche d'une voie réservée aux catégories de véhicules indiquées. Le clignotement des feux signale que la prescription est en vigueur et le panonceau indique la période pendant laquelle elle l'est.

Indique la présence, à l'intersection, d'une voie réservée aménagée en bordure de la rue transversale. Ce panneau avertit les usagers qui tournent à droite à l'intersection qu'ils doivent effectuer leur virage dans la voie adjacente à la voie réservée.

Signal avancé d'arrêt d'autobus scolaires

Indique la présence possible d'un autobus scolaire immobilisé pour faire monter ou descendre des écoliers. Le panneau paraît seulement lorsqu'un virage ou une côte empêche de voir d'avance l'autobus arrêté. Celui-ci pouvant obliger les conducteurs à s'arrêter à leur tour, il est indispensable qu'ils en soient avertis. Ce panneau prévient en même temps de la présence possible d'enfants à proximité de la route.

Début d'une zone scolaire

Indique la présence d'une zone scolaire, c'est-à-dire une section de route longeant les limites du terrain d'un établissement d'enseignement primaire ou secondaire. Il est interdit d'y circuler à une vitesse excédant 50 km/h entre 7 h et 17 h, du lundi au vendredi et du mois de septembre au mois de juin. Lorsque, dans les zones scolaires de certaines municipalités, les règlements prescrivent une vitesse inférieure à 50 km/h, un panneau *Limite de vitesse* accompagne ce panneau et indique la limite de vitesse, les heures de la journée, les jours de la semaine et les mois durant lesquels cette limite s'applique. La fin de la zone scolaire est indiquée en affichant la vitesse permise en dehors de cette zone.

SIGNALISATION DE DANGER

Signal avancé de passage

Ces panneaux indiquent à l'avance la proximité d'un endroit où peuvent traverser des personnes, des bicyclettes, des véhicules, des cavaliers ou des animaux.

Piétons

Zone scolaire
ou passage
pour écoliers

Enfants près
d'un terrain
de jeux

Personnes
atteintes
de déficience
physique

Personnes
atteintes
de déficience
visuelle

Bicyclettes

Piétons et
bicyclettes

Camions

Camions
transportant du
bois en longueur

Motoneiges

Véhicules
tout-terrains
(Quad)

Cavaliers

Passages rapprochés pour véhicules tout-terrains (Quad) et motoneiges

   Présence possible d'animaux sauvages

  Présence d'un passage pour animaux de ferme

Chaussée désignée

 Indique aux cyclistes et aux conducteurs qu'ils circulent conjointement sur une chaussée désignée comme voie cyclable. Sur cette chaussée, les conducteurs doivent donc s'attendre à y rencontrer davantage de cyclistes. La prudence et la courtoisie sont de rigueur.

Signal avancé de chaussée désignée

 Annonce le changement d'une bande ou d'une piste cyclable en chaussée désignée, ou avertit de l'approche d'une chaussée désignée.

SIGNALISATION DE DANGER

Signal avancé de fin d'autoroute

Les panneaux suivants informent le conducteur de la distance qu'il reste à parcourir avant la fin de l'autoroute et indiquent la configuration de la route à l'endroit où se termine l'autoroute.

Balise de danger

Ces panneaux indiquent la présence, sur la chaussée ou sur les accotements, d'obstacles que le conducteur doit contourner, ainsi que les rétrécissements d'un chemin public. Les barres obliques sont toujours orientées vers la chaussée, du côté que le conducteur doit emprunter pour éviter le danger. Le danger signalé est généralement un obstacle, comme un rocher ou le parapet d'un pont. Il s'agit donc de ne pas se tromper de côté à emprunter.

 Indique au conducteur qu'il doit passer à droite ou à gauche des obstacles.

 Indique au conducteur qu'il doit contourner l'obstacle par la droite.

Indique au conducteur qu'il doit contourner l'obstacle par la gauche.

Flèche directionnelle

Indiquent la présence d'un point particulièrement dangereux dans une courbe en coude ou à une intersection en forme de T. Les courbes plus prononcées sont signalées soit par des délinéateurs ou par un chevron d'alignement.

Délinéateur

Installé du
côté gauche

Installé du
côté droit

Les délinéateurs, placés le long de la route dans un virage, avertissent les conducteurs que la courbe est serrée. Ils sont efficaces pour guider les usagers qui circulent la nuit et pour augmenter leur sécurité, spécialement lorsque la chaussée est mouillée ou couverte de neige ou lorsqu'il y a du brouillard. Les courbes plus prononcées sont signalées par un chevron d'alignement, les courbes moins prononcées par une flèche directionnelle.

S I G N A L I S A T I O N   D E   D A N G E R

Chevrons d'alignement

Indique un virage prononcé. Le chevron d'alignement, placé dans le virage, avertit les conducteurs que la courbe est extrêmement serrée.

Installé sur l'îlot central d'un carrefour giratoire, ce panneau indique à l'usager le sens de la circulation dans l'anneau du carrefour.

Chaussée glissante

Prévient le conducteur que la chaussée risque d'être glissante à certains endroits quand elle est mouillée.

Prévient le conducteur que la chaussée, située en bordure d'un cours d'eau, peut être glissante lorsque mouillée par les embruns.

Prévient le motocycliste que la chaussée risque d'être particulièrement glissante quand elle est mouillée.

Chaussée glacée

Prévient le conducteur que la chaussée d'un chemin, d'un pont ou d'un viaduc peut être glacée ou givrée lorsque la température est aux environs du point de congélation.

Chaussée inondée

Prévient le conducteur qu'un chemin est recouvert d'eau à certains endroits.

Changement dans l'état d'une chaussée

Indique l'approche d'une chaussée rainurée ou, sur un pont, d'une chaussée en treillis métallique.

Fin d'un revêtement

Annonce la fin d'une chaussée avec revêtement et le commencement d'une autre en gravier ou en terre.

SIGNALISATION DE DANGER

Chaussée cahoteuse

Annonce que la chaussée présente des déformations à certains endroits.

Risque de chute de pierres

Prévient de la possibilité de chute de pierres ou de terre se détachant d'un sol friable, en pente, le long d'une voie de circulation.

Signal avancé d'un pont-levis

Indique la présence d'un pont-levis.

Vol à basse altitude

Ces panneaux indiquent la possibilité de manœuvres d'aéronefs à basse altitude aux abords d'un chemin.

Aéroports

Pour les aéroports homologués publics et privés

Pour les hydrobases

Pour les héliports

Signal avancé d'accès interdit aux camions sauf pour livraison locale

Indique, à l'avance, la proximité d'un accès interdit aux camions sauf pour la livraison locale.

Risque d'enlisement

Indique qu'un véhicule peut s'enliser s'il s'aventure plus loin. Ce panneau est principalement utilisé dans une aire de lit d'arrêt.

Risque de brouillard

Prévient de la présence possible de brouillard ; le clignotement des feux signale la présence du brouillard.

Poudrerie

Prévient de la présence possible de neige ; le clignotement des feux signale la présence de neige poussée par des vents violents.

Soyez visible

Indique, à l'avance, aux conducteurs qu'ils doivent allumer les phares (avant) et les feux de position arrière rouges de leur véhicule pour signaler leur présence lorsqu'ils circulent dans un tunnel.

SIGNALISATION DE TRAVAUX

Signalisation de travaux

Les panneaux de signalisation de travaux sont à fond orange. Ils peuvent intégrer des panneaux de signalisation de prescription, d'indication et de danger.

Barrières

Lorsque des travaux sont en cours, les barrières servent à fermer, en tout ou en partie, un chemin à la circulation. Elles sont placées au début de l'aire de travail.

Repères visuels

Les repères visuels servent à délimiter l'aire de travail (espace où sont exécutés les travaux) ainsi que le biseau (rétrécissement oblique d'une voie de circulation précédant l'aire de travail). Ils servent à indiquer la direction à suivre ou des travaux de marquage en cours, ou encore à canaliser la circulation.

Chevron de direction

Indique que des travaux de marquage sont en cours

Balise des travaux qui sert à canaliser la circulation

Cône de signalisation

Fusée de sécurité

Baril

Distance à parcourir avant d'atteindre l'aire de travail

Indique à quelle distance de ce panneau se trouve une aire de travail.

Étendue et fin des travaux

Indique l'étendue, en kilomètres, de l'aire de travail.

Indique la fin d'une aire de travail.

Limitation de vitesse

Ces panneaux orange de limitation de vitesse indiquent la vitesse maximale autorisée à proximité d'une aire de travail. Contrairement au panneau jaune indiquant une vitesse recommandée, les panneaux orange de limitation de vitesse ont un caractère obligatoire au même titre qu'un panneau blanc analogue.

Le panneau en forme de losange est le signal avancé d'une nouvelle vitesse maximale.

SIGNALISATION DE TRAVAUX

SIGNALISATION DE TRAVAUX

Signaux avancés de travaux

Ces panneaux indiquent la présence d'une aire de travail où sont effectués différents types de travaux.

Présence de
travailleurs

Travaux
d'arpentage

Travaux
mécanisés

Travaux
en hauteur

Indique sur quelle distance s'étendent les travaux.

Indiquent la présence d'une niveleuse ou d'une souffleuse, selon le cas, effectuant des travaux sur une voie de circulation ou aux abords de celle-ci.

Indique la présence d'une équipe d'intervention d'urgence sur un chemin public ou aux abords de celui-ci.

Indique à l'avance la proximité d'une file d'attente occasionnée par l'exécution de travaux ou le réaménagement de voies de circulation. Ce panneau est placé sur un véhicule d'accompagnement.

Indique la présence d'une activité sportive sur un chemin public, c'est-à-dire que le chemin est barré en raison de l'activité sportive.

Panneau du signaleur

RECTO | VERSO

Les deux faces de ce panneau composent le panneau que le signaleur utilise pour diriger et contrôler la circulation près d'une aire de travail.

Le fanion peut également être utilisé par le signaleur pour ralentir ou arrêter la circulation.

Signaux du signaleur

Ordre d'arrêter

Ordre de circuler

Ordre de ralentir

SIGNALISATION DE TRAVAUX

Signal avancé d'un signaleur

Indique la présence d'un signaleur dirigeant la circulation. Ce panneau appelle à une prudence extrême. La présence d'un signaleur signifie que la circulation doit être ralentie, déviée ou arrêtée momentanément parce qu'il y a des ouvriers et des véhicules de travaux sur la route. Les ordres du signaleur ont un caractère obligatoire. Les usagers de la route doivent s'y conformer.

Réglementation temporaire de stationnement

Indiquent les endroits où le stationnement est interdit de façon temporaire à proximité d'une aire de travail ou à l'occasion d'évènements spéciaux et d'opérations d'entretien routier.

Les heures et les jours de l'interdiction et l'étendue de la zone peuvent être précisés sur le panneau.

Signal avancé d'un endroit temporairement fermé à la circulation

Ces panneaux indiquent à l'avance un endroit temporairement fermé à la circulation.

Endroit temporairement fermé à la circulation

Ce type de panneau indique qu'un endroit est fermé temporairement à la circulation. Il est accompagné du panneau *Détour*.

ROUTE BARRÉE	RUE BARRÉE	PONT BARRÉ	TUNNEL BARRÉ
TROTTOIR BARRÉ	SORTIE BARRÉE	BARRÉ	BARRÉE

Circulation locale seulement

Sur un chemin barré, ce panonceau indique que seule la circulation locale est permise aux résidents et à la clientèle des commerces. Il peut être accompagné de l'indication des services demeurant accessibles.

Fusion de voies

Ce type de panneau indique qu'une des voies de circulation est temporairement fermée et qu'il faut emprunter celle qui est demeurée ouverte.

SIGNALISATION DE TRAVAUX

Détour

Indiquent la direction de l'itinéraire de détour prévu que doivent suivre les usagers de la route en raison des travaux.

Indiquent, à l'avance, le trajet à emprunter en raison de la fermeture d'une voie de circulation ou d'une sortie.

Itinéraire facultatif

Indiquent l'itinéraire facultatif proposé aux usagers de la route en raison des risques de congestion occasionnés par des travaux en aval.

Flèche oblique

Indique, au début du biseau précédant l'aire de travail, la direction à suivre pour changer de voie ou se diriger sur une autre chaussée.

Balise de danger

Indique la présence d'un obstacle sur la chaussée, lequel peut être contourné par la droite ou par la gauche.

Accotement surbaissé

Annonce la présence d'une dénivellation entre la chaussée et l'accotement.

Dynamitage

Indique la proximité d'une zone de dynamitage et invite le conducteur à fermer son émetteur ou son téléphone cellulaire.

SIGNALISATION DE TRAVAUX

Peinture fraîche

Principalement installé sur un véhicule d'accompagnement, il prévient que des travaux de marquage sont effectués.

Est installé sur le véhicule traceur.

Enquête de circulation

Préviennent de la présence d'enquêteurs sur un chemin.

Dégagement horizontal

Indique qu'une aire de travail occupe partiellement la chaussée et que l'espace accessible à la circulation est inférieur à la largeur indiqué sur le panneau.

Projection de matériaux

Indique que des matériaux peuvent être projetés par des véhicules circulant sur une section du chemin sur laquelle des travaux sont exécutés.

Signal avancé de passage de camions

Indique qu'un camion chargé peut accéder sur le chemin public en quittant la voie d'accès.

Circulation temporaire sur l'accotement

Ces panneaux indiquent si la circulation est permise de façon temporaire sur l'accotement, à proximité d'une aire de travail.

Durée des travaux

 Indique la période durant laquelle s'échelonnent les travaux.

Déviation de voie

Ce type de panneau indique à l'avance que la circulation est déviée en raison de travaux.

Note: On trouve également le même type de panneaux pour annoncer une déviation vers la droite.

SIGNALISATION DE TRAVAUX

Signalisation d'indication

Dans cette catégorie, il existe six différents types de signalisation, soit :

- **signalisation de destination ;**
- **signalisation de repérage ;**
- **signalisation des équipements spécifiques ;**
- **signalisation d'information ;**
- **signalisation d'équipements touristiques ;**
- **signalisation des services d'essence et de restauration sur autoroute.**

Signalisation de destination

Présignalisation de plusieurs sorties vers une municipalité

Indiquent qu'une autoroute longe une municipalité desservie par plusieurs échangeurs successifs ainsi que le nombre de sorties pour l'atteindre ou la proximité de la dernière sortie.

Suite d'échangeurs rapprochés

 Indique les sorties rapprochées ainsi que les distances à parcourir pour les atteindre.

Présignalisation de sortie

 Indique au conducteur le numéro de la route qu'il va rejoindre, les principales destinations desservies par l'échangeur, ainsi que le numéro de la sortie et la distance à parcourir pour l'atteindre.

Direction de sortie

Répète les renseignements figurant sur le panneau de présignalisation de sortie et indique par une flèche le début de la voie de décélération de l'échangeur.

Signalisation schématique

Indique rapidement au conducteur la manœuvre requise aux abords d'un échangeur complexe comportant plusieurs sorties.

Confirmation de destination

Indique la destination de l'autoroute et les voies à emprunter pour s'y rendre.

Voie de sortie obligatoire

Présignalisation
de sortie

Direction
de sortie

Confirmation
de sortie

Indiquent que les véhicules circulant sur cette voie doivent **obligatoirement** emprunter la bretelle de sortie. Les voies exclusives de sortie sont toujours identifiées par une séquence de trois panneaux, afin que les conducteurs puissent changer de voie à temps s'ils ne comptent pas emprunter la sortie.

Confirmation de sortie

Indiquent le début de la bretelle de sortie, son orientation et le numéro de la sortie.

Signalisation de direction

Indiquent les destinations les plus importantes pouvant être atteintes en empruntant chacune des branches formant l'intersection.

Rappel de distance

Indiquent la distance à parcourir pour atteindre l'une ou l'autre des agglomérations.

Lac de villégiature

Indique la présence d'un lac de villégiature, la direction à prendre pour y arriver et la distance à parcourir.

SIGNALISATION D'INDICATION

Signalisation de repérage

Identification des routes

Route
numérotée

Autoroute

Routes faisant
partie de
l'itinéraire
transcanadien

Nom de l'autoroute

Nom de la route

Routes et circuits touristiques

Indique la présence d'une route ou d'un circuit touristique et dirige les usagers de la route vers ceux-ci.

Indique le début de la route ou du circuit touristique.

SIGNALISATION D'INDICATION

Limite territoriale

Les deux panneaux suivants indiquent à l'usager de la route qu'il entre à l'intérieur des limites provinciales du Québec.

 Indique la frontière du Québec sur les routes numérotées de 100 à 199, sur les autoroutes et à la sortie des aéroports internationaux.

 Indique la frontière du Québec sur les routes numérotées de 200 à 399 ou sur les routes non numérotées.

 Indique le nom de la région touristique dans laquelle l'usager de la route entre.

 Indique les limites territoriales d'une agglomération ou d'une réserve indienne.

Nom de pont

 Indique la présence d'un pont figurant sur la *Carte routière du Québec*.

Points cardinaux

Ces panneaux indiquent l'orientation générale de la route.

Ils peuvent être présentés sur fond bleu.

Fin d'autoroute ou de route

 Indique la fin de la numérotation d'une autoroute qui se poursuit sous un autre numéro.

Indique la fin d'une route numérotée ou d'une autoroute qui se poursuit sous un autre numéro, selon qu'il accompagne un panneau d'identification de route numérotée ou d'autoroute.

Distance

Indiquent la distance pour atteindre un équipement spécifique ou un aménagement routier particulier.

Direction

Indiquent la direction d'une auto-route, d'une route numérotée ou la direction pour atteindre un équipement donné.

Les panneaux ci-dessous indiquent l'orientation générale des routes numérotées ; l'orientation des flèches varie selon la direction à suivre.

SIGNALISATION D'INDICATION

Jonction

Annoncent l'intersection d'une route numérotée.

Repère kilométrique

Indiquent la distance depuis le point d'origine de la route.

REPÈRES KILOMÉTRIQUES
km 125 À km 236

Indique les limites de la route sans services (route isolée).

Repères géographiques

Ce type de panneau sert à indiquer le nom des lacs, des rivières, des monts, des chutes et des réservoirs visibles de la route.

Mont ROUGEMONT   Réservoir CABONGA   Rivière RICHELIEU

Lac MÉGANTIC   Chute LYSANDER

Signalisation des équipements spécifiques

Équipements d'urgence

Poste de police

Indique la présence d'un poste de la Sûreté du Québec.

Indiquent la présence d'un poste de police autre qu'un poste de la Sûreté du Québec.

Indique les numéros de téléphone universels pour atteindre les services de la Sûreté du Québec.

Poste d'assistance médicale

Indique la présence d'un hôpital, d'un centre hospitalier universitaire ou d'un pavillon, ouvert 24 heures par jour, 7 jours par semaine, et possédant un service d'urgence de type hospitalier.

Indique la présence d'un centre local de services communautaires (CLSC) à proximité.

Stationnement d'urgence

Indique l'existence, sur une autoroute, d'une aire de stationnement réservée aux situations d'urgence.

SIGNALISATION D'INDICATION

Téléphone de secours

Indique la présence d'un téléphone de secours.

Borne d'incendie

Indiquent la présence d'une borne d'incendie et ses caractéristiques, lesquelles sont nécessaires aux pompiers et au personnel d'entretien.

Détecteur de véhicules en détresse

Indique la présence d'un véhicule ayant besoin d'assistance. On ne verra pas ce panneau, à moins qu'un accident ne vienne de se produire. En effet, si un véhicule défonce une glissière de sécurité située près d'un fossé profond le long d'une route isolée et disparaît dans le fossé, un mécanisme spécial soulève immédiatement ce panneau. Cela signifie que des usagers de la route ont besoin d'aide. Il faut se préparer à intervenir et à prévenir les corps policiers.

Équipements de transport

Cette signalisation sert à diriger les usagers de la route vers l'équipement illustré.

Aéroport

Indique la présence et la direction d'un aéroport majeur où les arrivées et les départs sont à horaire fixe. Le devant de l'avion indique la direction à prendre.

Indique la présence et la direction d'un aéroport public ou privé offrant certains services.

Indique une hydrobase.

Indique un héliport.

Indique le nom d'un aéroport (ou d'une gare) et la direction à suivre pour l'atteindre.

Indique le nom d'un aéroport (ou d'une gare), la direction à suivre et la distance à parcourir pour l'atteindre.

Gare

Indique la présence d'une gare ferroviaire.

Indique la présence d'une gare d'autobus inter-urbains.

Traverse maritime

  Indiquent le chemin conduisant au quai d'un traversier pour véhicules, le point de départ et d'arrivée du traversier, le kilométrage ou la direction à suivre pour atteindre le quai.

 Indique que le service de traverse maritime est fermé.

Stationnement incitatif

Ces panneaux indiquent la présence d'un aménagement de stationnement spécialement conçu pour favoriser l'utilisation d'un mode de transport collectif.

Train de banlieue

Autobus urbain

Traverse maritime

Station de métro

Aire d'attente

Indiquent l'endroit spécifique d'une station de transport en commun où le conducteur peut attendre ou aller chercher un passager.

Aire de stationnement

Ces panneaux indiquent la présence des aires de stationnement, qu'elles soient accessibles à tous, ou réservées à certaines catégories de véhicules.

Accessible à tous
les véhicules

Réservée
aux taxis

Réservée
aux autobus

Réservée aux
motocyclettes

Réservée
aux camions

Lieu d'enfouissement sanitaire

Indique l'existence d'un lieu d'enfouissement sanitaire.

Équipements industriels

Indique la présence d'un parc industriel.

SIGNALISATION D'INDICATION

Indiquent la présence d'un parc technolo-gique, sa direction et sa distance.

Indique la présence d'un port maritime servant à la manutention des marchandises.

Rampe de mise à l'eau

Indique la présence d'une rampe de mise à l'eau.

Poste de douane

Indiquent la présence d'un poste de douane à la frontière canado-américaine.

Autres équipements

Ces panneaux indiquent la présence de certains autres services.

Aréna

Centre
communautaire

Bibliothèque

Marché
public

Église

Piscine publique
intérieure

Piscine
publique
extérieure

Parc
municipal

Cégep

Université

Palais de justice

Signalisation d'information

Chemin sans issue

  Indiquent un chemin sans issue.

Demi-tour

 Indique la présence d'un aménagement dans un terre-plein permettant exclusivement les manœuvres de demi-tour.

SIGNALISATION D'INDICATION

Priorité de virage au clignotement du feu vert

Indique que le feu vert a une séquence de clignotement qui accorde la priorité de virage.

Bouton de commande du feu d'un passage pour piétons ou pour cyclistes

Indiquent aux piétons ou aux cyclistes qu'il leur faut utiliser le bouton afin d'obtenir le feu qui les autorise à traverser.

Une flèche vers la droite ou vers la gauche peut être présente sur chacun de ces panneaux, au-dessus du bouton.

Signalisation métrique

Indique à l'usager de la route en provenance des États-Unis que la signalisation routière au Québec est faite selon le système métrique.

Surveillance aérienne

Indique que la route fait parfois l'objet d'une surveillance policière aérienne.

Voie de secours

Indique l'approche d'une pente raide comportant une voie de secours.

Indique la présence d'une voie de secours avec un lit d'arrêt permettant l'immobilisation sécuritaire d'un véhicule dont le système de freinage est devenu inefficace.

Voie de dépassement

Indique qu'une voie de circulation supplémentaire est aménagée afin de permettre les dépassements.

Route sans services

Indique au conducteur les distances le séparant des deux prochaines stations d'essence.

Remorquage exclusif

Ces panneaux rappellent que le remorquage est réglementaire sur certaines parties ou sections de routes réservées exclusivement aux entreprises de remorquage dont le numéro de téléphone figure sur le panonceau.

SIGNALISATION D'INDICATION

Signalisation d'équipements touristiques

Parcs routiers

Indique l'emplacement d'une halte routière exploitée par le gouvernement du Québec. Il s'agit d'un endroit aménagé, le long d'une route, pour les automobilistes qui souhaitent se reposer. Les services offerts sont représentés par des symboles appropriés. Lorsqu'il s'agit d'une halte municipale, la fleur de lys est remplacée par la mention *Halte municipale*. Le panneau peut indiquer la distance des deux prochaines haltes routières.

Indique la présence d'une aire de repos pour les camionneurs, qui leur permet également de vérifier l'état de leur véhicule et du chargement.

Indique la présence d'une aire de services aménagée en bordure d'une route, comprenant un parc de stationnement, une station-service, un restaurant ou tout autre équipement.

Belvédère

Indique la présence d'un aménagement situé en bordure d'une route qui permet de profiter d'une vue panoramique. La lunette d'approche pointe dans la direction du belvédère.

Pont couvert

Indique la présence d'un pont couvert ayant une valeur patrimoniale.

Réserves, parcs et refuges fauniques

Indiquent la présence d'une réserve, d'un parc ou d'un refuge faunique sous la juridiction du gouvernement provincial ou du gouvernement fédéral.

Dans les cas de parcs ou de sites relevant du gouvernement fédéral, la fleur de lys est remplacée par le symbole du castor.

Le symbole de la couronne de feuilles d'érable est utilisé pour les parcs gérés par la Commission de la capitale nationale du Canada.

Bureau d'information touristique

Le réseau d'accueil et de renseignements touristiques se compose de quatre catégories de bureaux d'information touristique soit: les Centres Infotouriste, les bureaux d'information touristique régionaux et locaux et les relais d'information touristique.

Bureau géré par Tourisme Québec et donnant de l'information touristique sur l'ensemble du Québec.

Bureau d'information touristique régional donnant de l'information pour l'ensemble d'une région.

Bureau d'information touristique local fournissant de l'information sur une ou plusieurs municipalités, souvent accompagné du panonceau indiquant la direction et la distance qu'il reste à parcourir pour l'atteindre.

Indique les relais d'information touristique qui offrent de l'information par d'autres moyens que le personnel en place.

Indique la présence d'un bureau de change.

Équipements touristiques privés

Indiquent la proximité d'un équipement touristique, la direction à suivre, la distance à parcourir pour l'atteindre ou l'entrée du site.

Arrondissement historique

Indique la présence d'un arrondissement historique.

Signalisation des services d'essence et de restauration sur autoroute

Confirmation de sorties

Indique à l'usager circulant sur l'autoroute la proximité de services d'essence ou de restauration.

Acheminement

Indique l'itinéraire à suivre et la distance à parcourir pour atteindre les établissements signalisés sur l'autoroute, identifiés par leur logo ou par leur nom.

Entrée du site

Indiquent l'accès au site de l'établissement signalisé.

Types de carburant

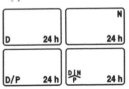

Indiquent les types de carburants disponibles, autres que l'essence et accompagnent le logo ou le nom de l'établissement.

D diésel
N gaz naturel
P propane

S I G N A L I S A T I O N   D ' I N D I C A T I O N

SIGNALISATION DES VOIES CYCLABLES

Itinéraire cyclable hors route

Indiquent une voie cyclable aména-gée en site propre et indépendante des voies de circulation automobile et précisent si l'itinéraire est reconnu *Route verte* (décrite à la section 4.6). Lorsque la voie cyclable permet la pratique d'une activité sportive hiver-nale, celle-ci est identifiée sur le panneau.

SIGNALISATION DES VOIES CYCLABLES

Au Québec, les cyclistes ont le droit de circuler sur la majorité des routes à l'exception des autoroutes. Les automobilistes et les camionneurs doivent donc redoubler de prudence lorsqu'ils les aperçoivent à l'extrême droite de la chaussée. Pour améliorer la sécurité des cyclistes sur les itinéraires cyclables, quatre types d'aménagements sont utilisés : les accotements asphaltés, les chaussées désignées, les bandes cyclables et les pistes cyclables.

Les accotements asphaltés des routes, délimités par une ligne blanche, permettent aux cyclistes d'y circuler dans le même sens que les autres véhicules.

En milieu urbain, les bandes cyclables, aménagées en bordure de la chaussée, sont délimitées par des marques au sol ou par des aménagements physiques et réservées à l'usage exclusif des cyclistes.

Les chaussées désignées sont des itinéraires aménagés sur des rues ou des routes à faible débit et où la circulation est lente. Elles ne comportent pas de corridors réservés aux cyclistes, mais uniquement des panneaux de signalisation.

Finalement, les pistes cyclables sont des voies spécialement amé-nagées pour les cyclistes, souvent à l'écart de toute circulation automobile.

Tout comme la signalisation pour les véhicules routiers, la signalisation des voies cyclables se répartit en quatre catégories, soit la signalisation de prescription, de danger, de travaux et d'indication.

Note : La signalisation présentée ici est seulement celle qui ne figure pas déjà dans les autres sections.

Signalisation de prescription

Panonceau de bicyclette

Indique aux cyclistes toute signalisation de prescription qui les concerne uniquement, c'est-à-dire que ce panneau ne s'adresse pas aux autres usagers de la route.

Trajet obligatoire pour cyclistes et piétons

Indique aux cyclistes le trajet qu'ils doivent emprunter.

Indiquent aux cyclistes et aux piétons l'obligation de circuler du côté indiqué de la voie cyclo-pédestre.

Indique aux cyclistes et aux piétons l'obligation de circuler ensemble sur la voie cyclo-pédestre. Aucun corridor particulier n'est dédié à l'un ou l'autre des usagers.

SIGNALISATION DES VOIES CYCLABLES

Obligation de descendre de bicyclette

Indique aux cyclistes l'obligation de descendre et de marcher à côté de leur bicyclette.

Obligation de circuler avec un adulte

Indique aux cyclistes de moins de 12 ans qu'ils ne peuvent circuler à bicyclette sur un chemin public sur lequel la vitesse maximale affichée est de plus de 50 km/h à moins d'être accompagnés d'un adulte.

Interdiction de dépasser

Indique aux cyclistes qu'ils ne peuvent rouler côte à côte et précise le début d'une zone où le dépassement est interdit.

Indique la fin d'une zone où le dépassement est interdit.

Prescription pour cyclistes à un feu pour piétons

Indique aux cyclistes de traverser durant la phase réservée aux piétons lorsque l'intersection est dotée de feux pour piétons.

Signalisation de danger

Pente raide ascendante et pente raide descendante

Indiquent la présence d'une pente dont l'inclinaison est supérieure à 6 % (dénivellation de 6 mètres tous les 100 mètres).

Accès public fréquenté

Indique aux cyclistes la proximité d'un accès public pouvant entraîner le passage fréquent de véhicules routiers.

Présence ou passages de cyclistes

Indique à l'avance, la proximité d'un endroit où peuvent traverser des bicyclettes.

Lorsque ce panonceau accompagne le panneau précédent, cela indique aux usagers de la route la présence d'un accotement asphalté à l'intention des cyclistes le long d'un itinéraire cyclable.

Chaussée glissante

Indique que la chaussée risque d'être glissante à certains endroits.

SIGNALISATION DES VOIES CYCLABLES

Signalisation des travaux

Voie cyclable barrée

Indique qu'une voie cyclable est temporairement fermée à la circulation.

Détour

Indique la direction de l'itinéraire de détour que doivent prendre les cyclistes en raison des travaux.

Signalisation d'indication

Acheminement vers une voie cyclable

Est utilisé pour diriger les cyclistes vers les voies cyclables.

Direction

Indiquent les voies cyclables et les équipements spécifiques pouvant être atteints à partir de l'intersection d'une voie cyclable ainsi que la distance en kilomètres à parcourir pour s'y rendre. Lorsqu'une voie cyclable est partagée avec des piétons, la silhouette du piéton est ajoutée sur le panneau.

Identification de voie cyclable

Indiquent le nom et la direction d'une voie cyclable.

Aire de stationnement

Indique aux cyclistes la présence d'une aire spécialement conçue pour stationner les bicyclettes.

Aire de stationnement connexe

Indique aux usagers de la route la présence d'un aménagement permettant de stationner leurs véhicules afin d'avoir accès à la voie cyclable connexe.

Identification de la Route verte

Indique les voies cyclables faisant partie de l'itinéraire de la Route verte.

La Route verte est un itinéraire cyclable de plus de 4 000 kilomètres qui reliera les différentes régions du Québec, du nord au sud et de l'est à l'ouest. Un itinéraire composé de pistes hors route, de tronçons routiers avec accotements asphaltés et de tronçons sur petites routes tranquilles. Un itinéraire qui, à terme, reliera entre elles 15 régions et 350 municipalités (comptant tout près de quatre millions de Québécois). Une Route verte, balisée et sécuritaire, qui permettra de découvrir le Québec, côté jardin !

Début

Indique aux cyclistes le début d'une voie cyclable.

SIGNALISATION DES VOIES CYCLABLES

Période de fermeture

Indique la période de l'année durant laquelle la piste cyclable n'est pas accessible aux cyclistes.

Signalisation des équipements touristiques privés

Indique les attraits, les activités et les services d'hébergement ayant une vocation touristique et accessibles par la piste cyclable.

Signalisation des services commerciaux

Indiquent les services de restauration et de mécanique destinés aux cyclistes et situés à proximité d'une piste cyclable.

Services publics

Ces panneaux indiquent aux cyclistes les services accessibles disponibles le long d'une voie cyclable.

Abri

Abri chauffé

Bureau d'information touristique

Eau potable

Halte

Pompe à air

Téléphone   Toilette

DISPOSITIONS DU *CODE DE LA SÉCURITÉ ROUTIÈRE* CONCERNANT LA SIGNALISATION

Seule la personne responsable de l'entretien d'un chemin public peut installer ou faire installer une signalisation sur ce chemin, laquelle doit être conforme aux normes établies par le ministère des Transports.

Il est interdit :

- d'installer un signal, une affiche, une indication ou un dispositif sur un chemin public sans l'autorisation de la personne responsable de l'entretien de ce chemin ;
- d'installer ou d'exhiber sur une propriété privée un signal, une affiche, une indication ou un dispositif qui empiète sur un chemin public ou qui est susceptible de créer de la confusion ou de faire obstruction à une signalisation sur un chemin public ;
- de circuler sur une propriété privée afin d'éviter de se conformer à une signalisation.

Toute personne doit :

- se conformer à la signalisation installée sur un chemin en vertu du *Code de la sécurité routière* ;
- obéir, malgré une signalisation contraire, aux ordres et signaux d'un agent de la paix, d'un brigadier scolaire ou d'un signaleur chargé de diriger la circulation lors de travaux.

SIGNALISATION DES VOIES CYCLABLES

Chapitre 4

LES RÈGLES
DE LA CIRCULATION

*L*e *Code de la sécurité routière établit les règles de la circulation sur la voie publique pour tous les usagers de la route, notamment pour les conducteurs de véhicules routiers. Les piétons, tout comme les conducteurs de motocyclette, de cyclomoteur et de bicyclette ont aussi des droits et des obligations lorsqu'ils utilisent un chemin public. Il est important de connaître ces règles et de s'y conformer pour être en sécurité.*

QUELQUES MESURES DE PROTECTION

LA CEINTURE DE SÉCURITÉ

La ceinture de sécurité est plus qu'un accessoire. C'est, comme son nom l'indique, une mesure de sécurité qui peut sauver des vies et il est obligatoire de la porter.

Ainsi, tous les occupants, sauf les enfants dont la taille est inférieure à 63 cm en position assise, tel qu'il est expliqué ci-après, prenant place sur le siège avant ou sur la banquette arrière d'un véhicule en mouvement doivent porter correctement la ceinture de sécurité dont est équipé le siège qu'ils occupent. Il est même interdit de conduire un véhicule routier si :

- la ceinture de sécurité pour le conducteur ou le passager est manquante, modifiée ou hors d'usage ;
- un passager de moins de 16 ans ne porte pas correctement la ceinture de sécurité.

Un enfant dont la taille est inférieure à 63 cm en position assise, mesurée du siège au sommet du crâne, doit être installé dans un ensemble de retenue ou un coussin d'appoint conforme aux règlements pris en application de la *Loi sur la sécurité automobile.* L'ensemble de retenue et le coussin d'appoint doivent, conformément aux instructions du fabriquant qui y sont apposées, être adaptés au poids et à la taille de l'enfant et être installés adéquatement dans le véhicule. Cette obligation ne s'applique pas aux taxis. L'enfant doit alors être retenu par la ceinture de sécurité présente.

Toutefois, la Société de l'assurance automobile du Québec peut, lorsque des raisons médicales exceptionnelles le justifient, délivrer un certificat dispensant une personne du port de la ceinture de sécurité ou de l'utilisation d'un ensemble de retenue .

Par ailleurs, les conducteurs de taxi qui, dans l'exercice de leurs fonctions, circulent sur un chemin public dont la limite de vitesse est établie par une municipalité ou qui circulent sur un chemin public non numéroté, sont exempts de porter la ceinture.

L'exigence du port de la ceinture ne s'applique pas au conducteur au cours d'une manœuvre de marche arrière.

LES COUSSINS GONFLABLES

Les coussins gonflables sont des dispositifs de sécurité éprouvés. Ils sont destinés à empêcher les occupants d'un véhicule de se frapper violemment la tête, le cou ou la poitrine contre le tableau de bord, le volant ou le pare-brise lors d'une collision frontale. Ils offrent ainsi une protection particulièrement efficace contre des blessures qui pourraient être mortelles ou causer des handicaps à leurs victimes. Une recherche a démontré, en 1998, que l'usage combiné des coussins gonflables et des ceintures de sécurité réduit de 75 % les risques de blessures graves à la tête et de 66 % ceux de blessures graves à la poitrine.

Les coussins gonflables frontaux ne sont pas conçus pour se déployer au moment de collisions arrière ou de capotages ni dans la plupart des collisions latérales.

Ils sont dotés d'orifices de manière à se dégonfler aussitôt après avoir absorbé l'énergie d'un occupant. Ils ne peuvent pas étouffer celui-ci et ne gênent pas ses mouvements.

Certaines mesures peuvent être prises pour réduire les risques liés à leur déploiement :

- toujours placer un bébé dans un siège pour nouveau-né orienté vers l'arrière sur la banquette arrière (au centre si possible) ;
- toujours faire asseoir les enfants de 12 ans ou moins dans les sièges appropriés à leur poids et à leur taille et bien fixés sur la banquette arrière ;
- toujours porter la ceinture de sécurité ;
- reculer le siège du conducteur pour maintenir une distance de 25 cm entre le centre du couvercle du coussin gonflable et le milieu de la poitrine.

La Société de l'assurance automobile du Québec peut autoriser la désactivation des coussins gonflables si un des conducteurs d'un véhicule ou un passager fait partie d'un groupe à risques par rapport à leur déploiement. Pour ce faire, une demande doit lui être adressée à l'aide du formulaire *Déclaration pour une demande de désactivation de coussins gonflables*.

L'APPUI-TÊTE

Chaque année, des milliers de Québécois subissent une entorse cervicale à la suite d'un accident d'automobile. À peine 10 % des automobilistes ajustent convenablement leur appui-tête, alors que tous les autres le placent souvent trop bas.

Si l'appui-tête est placé trop bas, à la hauteur de la nuque, il ne sera d'aucune utilité car, en cas de collision arrière, la tête sera projetée violemment vers l'arrière, pouvant ainsi entraîner une blessure au cou.

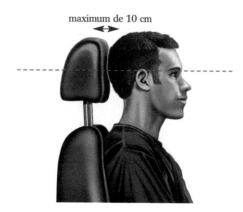

maximum de 10 cm

La protection est maximale si :

- la distance entre l'appui-tête et la tête ne dépasse pas 10 cm ;
- la ligne horizontale au centre de l'appui-tête est située à la hauteur des yeux ou du bord supérieur des oreilles.

LES RÈGLES DE CIRCULATION

Que ce soit pour un virage, un changement de voie, un dépassement ou autre situation de conduite, le conducteur doit appliquer des règles spécifiques dans chacun des cas.

LES LIGNES DE DÉMARCATION DES VOIES

Parmi les lignes qui séparent les voies de circulation, certaines peuvent être franchies, d'autres non.

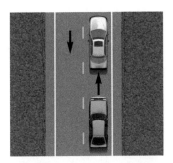

Le conducteur peut franchir la **ligne pointillée** après s'être assuré qu'il peut le faire sans danger.

La **ligne pointillée accolée à une ligne continue** permet le dépassement si, au début de la manœuvre, la ligne pointillée se trouve du côté du véhicule. Le dépassement doit se terminer avant la fin de la ligne pointillée.

La **ligne simple continue** de même que la **ligne double continue** ne peuvent être franchies.

Cependant, le conducteur peut franchir ces lignes lorsqu'il doit quitter la voie où il circule, parce qu'elle est obstruée ou fermée, ou effectuer un virage à gauche pour s'engager sur un autre chemin ou dans une entrée privée. Il peut aussi les franchir pour dépasser une machinerie agricole, un tracteur de ferme, un véhicule à traction animale, une bicyclette ou un véhicule routier muni d'un panneau avertisseur de circulation lente (triangle orange avec bordure réflectorisée rouge foncé).

L'UTILISATION DES VOIES

LA CHAUSSÉE À DEUX VOIES OU PLUS DE CIRCULATION DANS LES DEUX SENS

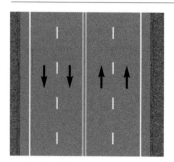

Lorsqu'il circule sur une chaussée, le conducteur d'un véhicule routier doit utiliser la voie d'extrême droite. Il peut emprunter la voie de gauche pour dépasser ou éviter un obstacle, et s'assurer que la voie de gauche est libre avant de s'y engager.

LA CHAUSSÉE À CIRCULATION DANS LES DEUX SENS DIVISÉE EN TROIS OU CINQ VOIES

Lorsqu'il circule sur une chaussée à circulation dans les deux sens divisée en trois ou cinq voies, le conducteur doit utiliser la ou l'une des voies de droite, tandis que la voie du centre peut être utilisée uniquement dans l'un ou l'autre sens pour effectuer un virage à gauche.

LA CHAUSSÉE DONT UNE VOIE EST FERMÉE

Dans le cas où la voie dans le sens où circule le véhicule est fermée ou obstruée, le conducteur peut emprunter la voie libre la plus proche en sens inverse. Il doit d'abord céder le passage à tout véhicule qui y circule.

LA CHAUSSÉE À DEUX OU TROIS VOIES DE CIRCULATION À SENS UNIQUE

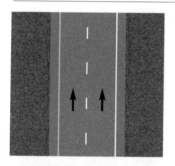

Lorsqu'il circule sur une chaussée à deux voies de circulation, le conducteur doit généralement utiliser celle d'extrême droite.

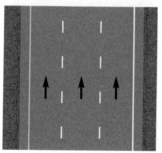

En général, lorsqu'il circule sur une chaussée à trois voies, le conducteur doit utiliser l'une des voies de droite.

Circonstances particulières :

- Sur une autoroute, le conducteur peut utiliser la voie d'extrême gauche pour dépasser, tourner à gauche, éviter un obstacle ou se diriger vers une voie de sortie.

- Un ralentissement sur la voie de gauche est permis si le conducteur signale son intention de tourner à gauche ou d'arrêter sur le côté gauche de la voie.

- Cependant, lorsque la vitesse maximale permise est de 80 km/h ou moins, par exemple sur un boulevard urbain, le conducteur peut utiliser l'une ou l'autre des voies. Dans la voie choisie, le fait qu'il roule plus vite qu'un autre conducteur circulant dans une autre voie n'est pas considéré comme un dépassement.

LA CHAUSSÉE SÉPARÉE PAR UN TERRE-PLEIN OU UN AUTRE AMÉNAGEMENT

En aucun cas le conducteur ne doit franchir un terre-plein ou un autre aménagement au centre de la chaussée, à moins qu'il n'y soit autorisé par une signalisation appropriée.

LES VOIES D'ENTRÉE ET DE SORTIE D'UNE AUTOROUTE

Pour entrer ou sortir d'une autoroute, le conducteur doit utiliser les voies d'accès ou de sortie déterminées à ces fins.

LIMITES DE VITESSE ET DISTANCE ENTRE LES VÉHICULES

Toute vitesse ou toute action susceptibles de mettre en péril la vie ou la sécurité des personnes ou d'endommager la propriété sont prohibées. Ces obligations s'appliquent sur les chemins publics et sur les chemins privés ouverts à la circulation publique des véhicules routiers ainsi que sur les terrains de centres commerciaux et autres terrains où le public est autorisé à circuler.

En outre, le conducteur d'un véhicule routier doit respecter les limites de vitesse suivantes :

- sur les autoroutes :
    - minimum de 60 km/h ;
    - maximum de 100 km/h.

- sur un chemin dont le pavage est de béton ou d'asphalte:
  - maximum de 90 km/h.
- sur un chemin de gravier:
  - maximum de 70 km/h.
- dans une zone scolaire, au moment de l'entrée ou de la sortie d'élèves:
  - maximum de 50 km/h à moins qu'un panneau de signalisation indique une vitesse différente que le conducteur devra alors respecter.
- dans une cité, une ville ou un village, sauf si une signalisation contraire apparaît:
  - maximum de 50 km/h.

Lorsqu'il doit circuler dans l'obscurité, le brouillard, la pluie, la neige ou dans tout autre situation semblable, ou encore s'il roule sur une chaussée glissante ou non entièrement dégagée, le conducteur doit réduire la vitesse de son véhicule. Il doit également la réduire à l'approche de travaux routiers.

Par ailleurs, il est interdit de conduire un véhicule routier à une vitesse susceptible d'entraver la circulation normale.

LA DISTANCE ENTRE LES VÉHICULES

Lorsqu'il circule derrière un autre véhicule, le conducteur doit conserver une distance prudente et raisonnable de façon à laisser suffisamment d'espace pour permettre d'immobiliser son véhicule sans causer d'accident si une situation d'urgence nécessite d'arrêter. Il détermine cette distance en tenant compte de la vitesse, de la densité de la circulation, des conditions atmosphériques et de l'état de la chaussée. La règle des «2 secondes» peut être utilisée pour évaluer la distance entre les deux véhicules. Elle est décrite et illustrée dans les publications sur les techniques de conduite spécifiques: *Conduire un véhicule de promenade, Conduire une moto, Conduire un cyclomoteur.*

De même, les conducteurs qui circulent en convoi sur un chemin public où la vitesse maximale permise est de 70 km/h ou plus doivent laisser un espace entre leurs véhicules. Ils doivent aussi permettre à d'autres conducteurs de les dépasser.

LE DÉPASSEMENT

Le dépassement peut s'avérer nécessaire dans plusieurs situations. Pour effectuer cette manœuvre, le conducteur doit toutefois respecter certaines règles.

Avant de dépasser un autre véhicule, le conducteur doit :

- s'assurer que le dépassement est autorisé par la présence de lignes pointillées sur la chaussée ;
- s'assurer qu'aucun véhicule venant de l'arrière ne va s'engager ni ne circule déjà dans la voie de gauche ;
- s'assurer que la voie dans laquelle il désire s'engager est libre sur une distance suffisante ;
- signaler son intention au moyen des feux de changement de direction.

S'il circule dans la brume, le brouillard ou si la visibilité est insuffisante, le conducteur évite de dépasser.

Lorsqu'il dépasse un autre véhicule, le conducteur doit emprunter la voie de gauche. Une fois le véhicule dépassé, il doit revenir sur la voie de droite.

DÉPASSER UNE BICYCLETTE

Le conducteur qui veut dépasser une bicyclette peut le faire dans la voie où il circule s'il dispose d'un espace suffisant pour dépasser sans danger. Il peut aussi emprunter la voie de gauche.

ÊTRE DÉPASSÉ

Lorsqu'il est dépassé par un autre véhicule ou sur le point de l'être, le conducteur ne doit pas accélérer. Par courtoisie, il peut ralentir pour faciliter le dépassement.

DÉPASSEMENTS INTERDITS

Lorsque, pour dépasser, le conducteur doit emprunter une voie réservée à la circulation en sens inverse, il évitera de le faire :

- à l'approche et au sommet d'une côte ;
- dans une courbe ;
- à l'approche et à l'intérieur d'un passage pour piétons dûment identifié, d'un passage à niveau ou d'un tunnel ;
- à tout autre endroit où une signalisation ou des lignes sur la chaussée indiquent que le dépassement est interdit.

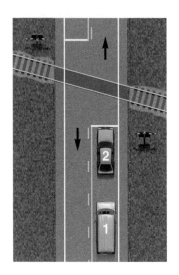

Dans chaque situation, il est interdit au conducteur du véhicule 1 de dépasser le véhicule 2.

Il est aussi interdit de dépasser lorsque des véhicules circulent déjà dans la voie de gauche ou lorsqu'un conducteur venant de l'arrière a déjà signalé son intention de dépasser ou a commencé à le faire. Ainsi, dans des situations semblables à celles des illustrations suivantes, il est interdit au conducteur du véhicule 1 de dépasser le véhicule 2.

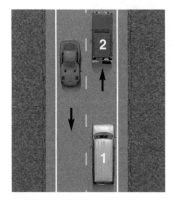

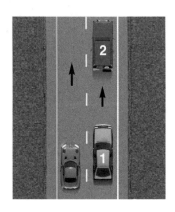

Lorsque le conducteur circule sur une chaussée à deux voies ou plus de circulation à sens unique, il doit éviter :

- d'effectuer en zigzag plusieurs dépassements successifs ;
- de dépasser par la droite, sauf :
  - pour dépasser un véhicule qui effectue un virage à gauche ou qui se dirige vers une sortie d'autoroute ;
  - pour dépasser un véhicule qui effectue l'entretien dans la voie de gauche.

En aucun cas, le conducteur ne doit quitter la chaussée (par exemple, circuler sur l'accotement) pour effectuer un dépassement.

••• Dépassements dans une voie aménagée pour les véhicules lents •••

Lorsqu'une signalisation indique la présence d'une voie pour véhicules lents, le conducteur qui circule lentement doit utiliser la voie d'extrême droite. Cette voie lente, instaurée afin de permettre aux véhicules de circuler d'une façon fluide, est habituellement aménagée dans les régions montagneuses. Elle s'adresse à tout conducteur et non uniquement aux camionneurs.

Comme certaines de ces voies sont généralement d'une longueur de plus de 2 km, une ligne discontinue sur la chaussée permet aux véhicules qui descendent la pente de faire un dépassement, et ce, sur une certaine distance identifiée par les lignes sur la chaussée.

Par contre, il est interdit aux conducteurs circulant sur la voie lente située à l'extrême droite de réintégrer la voie principale en présence d'une ligne continue sur la chaussée.

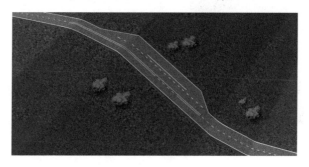

LES VIRAGES

Avant d'effectuer un virage à une intersection, le conducteur doit :

- s'assurer que la manœuvre peut être effectuée sans danger ;
- signaler son intention au moyen des feux de changement de direction ;
- céder le passage aux piétons et aux cyclistes qui traversent la chaussée qu'il veut emprunter ;
- céder le passage, selon le cas, au véhicule qui circule sur une chaussée transversale ou en sens inverse, à celui qui approche ou à celui qui est déjà engagé dans l'intersection.

Le conducteur effectue ensuite le virage dès que la voie est libre.

Si, au moment de se préparer à faire un virage, il devient impossible au conducteur de se placer dans la voie prévue à cette fin, il lui faut continuer et effectuer un virage à une autre intersection.

Les règles à suivre pour effectuer les virages à droite et à gauche les plus fréquents sont présentées dans les illustrations suivantes.

VIRAGE À DROITE

Qu'il soit sur une chaussée à une ou plusieurs voies de circulation dans les deux sens ou à sens unique, le conducteur qui veut faire un virage à droite doit suivre les étapes suivantes :

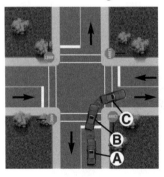

A. diriger le véhicule dans la voie de droite à l'extrême droite ou dans l'espace réservée à cette fin ;

B. avancer en ligne droite jusqu'à la rencontre des deux chaussées ;

C. tourner court et diriger le véhicule dans la voie de droite sans empiéter dans celle de gauche tout en respectant les voies réservées ou les bandes cyclables en fonction.

VIRAGES À GAUCHE

À l'intersection de chaussées à circulation dans les deux sens, le conducteur doit :

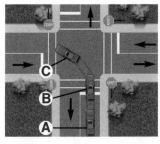
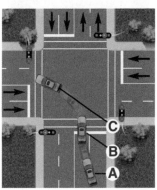

A. diriger le véhicule au centre de la chaussée sur laquelle il circule ;

B. avancer en ligne droite jusqu'à la rencontre des deux chaussées ;

C. dès que la voie est libre, diriger le véhicule dans la voie la plus près (la plus à gauche) qui permet le déplacement dans le sens désiré.

A. diriger le véhicule dans la voie de gauche ou dans une voie réservée au virage ;

B. avancer en ligne droite jusqu'à la rencontre des deux chaussées ;

C. dès que la voie est libre, diriger le véhicule dans la voie la plus près (la plus à gauche) qui permet le déplacement dans le sens désiré.

D'une chaussée à circulation dans les deux sens vers une chaussée à sens unique, le conducteur doit :

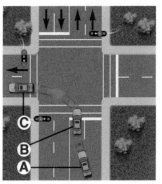

A. diriger le véhicule dans la voie de gauche ou dans une voie réservée au virage ;

B. avancer en ligne droite jusqu'à la rencontre des deux chaussées ;

C. dès que la voie est libre, s'engager dans la voie d'extrême gauche de l'autre chaussée.

D'une chaussée à sens unique vers une chaussée à circulation dans les deux sens, le conducteur doit :

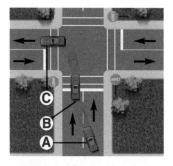

A. s'approcher de l'extrême gauche de la chaussée ou dans l'une des voies réservées au virage ;

B. avancer en ligne droite jusqu'à la rencontre des deux chaussées ;

C. diriger le véhicule dans la voie la plus près (la plus à gauche) qui permet le déplacement dans le sens désiré.

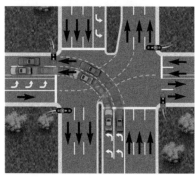

S'il y a deux voies de virage autorisées, le virage se complète dans les voies correspondantes sur l'autre chaussée.

À l'intersection de deux chaussées à sens unique, le conducteur doit :

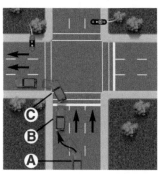

A. diriger le véhicule vers la voie d'extrême gauche ou dans une voie réservée au virage ;

B. avancer en ligne droite jusqu'à la rencontre des deux chaussées ;

C. diriger le véhicule dans la voie d'extrême gauche de l'autre chaussée.

VIRAGES DE PLUSIEURS VOITURES EN MÊME TEMPS, À LA MÊME INTERSECTION

À l'intersection de deux chaussées à plusieurs voies de circulation dans les deux sens, lorsque ces manœuvres sont effectuées simultanément par plusieurs conducteurs, il est essentiel que chaque conducteur dirige sa voiture dans la bonne voie.

Voiture qui effectue un virage à droite :

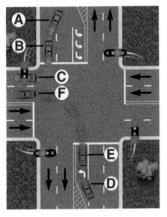

A. diriger le véhicule dans la voie de droite à l'extrême droite ou dans une voie réservée au virage ;

B. avancer en ligne droite jusqu'à la rencontre des deux chaussées ;

C. tourner court et diriger le véhicule dans la voie de droite, sans empiéter dans celle de gauche, tout en respectant les voies réservées ou les bandes cyclables en fonction.

Voiture qui effectue un virage à gauche :

D. diriger le véhicule dans la voie de gauche ou dans une voie réservée au virage ;

E. avancer en ligne droite jusqu'à la rencontre des deux chaussées ;

F. dès que la voie est libre, diriger le véhicule dans la voie la plus à gauche qui permet le déplacement dans le sens désiré, sans empiéter sur les voies de droite.

VIRAGE À DROITE SUR FEU ROUGE

Pour assurer une manœuvre de virage à droite sur feu rouge sécuritaire, le conducteur d'un véhicule doit suivre les étapes suivantes avant de tourner :

1. Arrêter :

  – immobiliser le véhicule **avant** la ligne d'arrêt ou **avant** le passage pour piétons. Prendre garde de ne pas obstruer le passage piétonnier.

2. Regarder deux fois plutôt qu'une :

  – s'assurer que le virage à droite sur feu rouge est autorisé ;

  – en l'absence de panneau d'interdiction ou à l'extérieur de la période indiquée sur le panonceau d'un feu muni d'un panneau d'interdiction de virage et à l'extérieur de l'île de Montréal, s'assurer que le virage à droite au feu rouge est sécuritaire :

    - céder le passage aux piétons et aux cyclistes qui sont engagés ou sur le point de s'engager dans l'inter-section. Le piéton a toujours priorité si un feu pour piétons l'autorise à traverser ou si le feu est vert ;

    - regarder à gauche, à l'avant, à droite (rétroviseur et angle mort) et faire une dernière vérification à gauche ;

    - céder le passage aux véhicules afin de ne pas entraver leur libre circulation ;

  – redoubler de prudence à l'égard des enfants, des personnes âgées, des personnes à mobilité réduite ou de toutes personnes qui traversent plus lentement ;

3. Décider :

  – le virage à droite n'est pas obligatoire. Le faire uniquement si la voie est libre.

SIGNALER SES INTENTIONS ET SA PRÉSENCE

SIGNALER SES INTENTIONS

Avant de changer de voie, de faire demi-tour, de dépasser, d'effectuer un virage, ou de s'engager sur la chaussée à partir de l'accotement ou d'une aire de stationnement, le conducteur doit signaler son intention, à l'aide des feux de changement de direction, d'une façon continue et sur une distance suffisante de manière à assurer sa sécurité et celle des autres usagers de la route. Dans le cas d'un demi-tour, il est possible de le faire si aucune signalisation ne l'interdit.

UTILISATION DES FEUX DE DÉTRESSE

Le conducteur qui, en cas de nécessité, doit rouler à une lenteur excessive est tenu d'utiliser les feux de détresse de son véhicule. Les feux de détresse doivent servir uniquement pour des motifs de sécurité (véhicule en panne ou immobilisé sur la chaussée, la nuit par exemple).

UTILISATION DES PHARES ET DES FEUX

La nuit ou si les conditions atmosphériques l'exigent, le conducteur veillera à ce que les phares et les feux de son véhicule soient allumés.

La nuit, le conducteur doit passer des feux de route aux feux de croisement :

- lorsqu'il parvient à moins de 150 m d'un véhicule qui approche en sens inverse ;
- lorsqu'il approche à moins de 150 m d'un véhicule qui le précède ;
- lorsque la route est suffisamment éclairée.

CÉDER LE PASSAGE

De nombreuses situations qui exigent qu'un usager de la route cède le passage à un autre ont été prévues par le *Code de la sécurité routière.*

EN PRÉSENCE DE PIÉTONS

Le conducteur d'un véhicule ou d'une bicyclette doit céder le passage aux piétons qui traversent ou s'apprêtent à traverser la chaussée :

- devant un feu vert ;
- devant un feu blanc de piétons clignotant ou non ;
- à un passage pour piétons ;
- à une intersection réglementée par un ou des panneaux d'arrêt.
- à une intersection réglementée par un panneau *Cédez.*

DEVANT UN SIGNAL OBLIGEANT À CÉDER LE PASSAGE

Le conducteur du véhicule 1 doit céder le passage au véhicule 2 avant de s'engager dans la voie A.

À L'ENTRÉE D'UNE AUTOROUTE

Le conducteur du véhicule 1 doit s'intégrer dans la circulation de l'autoroute en tenant compte que le véhicule 2 a la priorité. Dans l'exemple illustré, il doit céder le passage et se placer après le véhicule 2.

Le conducteur du véhicule 2 doit considérer le véhicule 1 qui veut s'engager sur l'autoroute. Il devrait faire un changement de voie lorsque c'est possible.

LORS D'UN ARRÊT OBLIGATOIRE

Intersection réglementée par **un panneau d'arrêt** pour une seule chaussée :

Le conducteur d'un véhicule ou le cycliste qui a dû s'immobiliser à une telle intersection ou à un feu rouge clignotant doit céder le passage à tout véhicule qui, circulant sur une autre chaussée, s'engage dans l'intersection ou se trouve à une distance telle qu'il y aurait danger d'accident.

Intersection réglementée par **des panneaux d'arrêt** pour toutes les directions :

Le conducteur d'un véhicule routier ou d'une bicyclette qui a dû s'immobiliser à une telle intersection doit céder le passage à tout véhicule qui a rejoint l'intersection avant lui.

Dans ces deux cas, il doit également céder le passage aux piétons et aux cyclistes qui traversent la chaussée qu'il s'apprête à croiser ou à emprunter.

DEVANT CERTAINS FEUX DE CIRCULATION

Le conducteur d'un véhicule ou le cycliste qui fait face à l'un ou l'autre de ces feux de circulation :

- feu rouge clignotant
- feu jaune clignotant
- feu vert clignotant ou non
- flèche verte

doit céder le passage aux véhicules, aux cyclistes et aux piétons déjà engagés dans l'intersection ou s'assurer qu'il pourra franchir l'intersection en sécurité.

LORS D'UN VIRAGE À UNE INTERSECTION

Le conducteur d'un véhicule ou d'une bicyclette doit :

- céder le passage aux piétons et aux cyclistes qui traversent la chaussée qu'il désire emprunter. Dans la situation illustrée, le conducteur du véhicule 1 cède le passage au piéton.

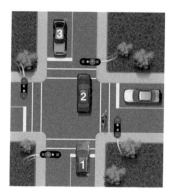

• céder le passage, lors d'un virage à gauche, à tout véhicule qui circule en sens inverse. Dans la situation illustrée, le véhicule 3 cède le passage au véhicule 2, au piéton ainsi qu'au véhicule 1.

À LA SORTIE OU À L'ENTRÉE D'UNE PROPRIÉTÉ PRIVÉE

Le conducteur d'un véhicule ou d'une bicyclette qui désire s'engager dans une propriété privée ou la quitter doit d'abord céder le passage à tout véhicule ou piéton qui circule sur le chemin public.

Dans cette illustration, avant de s'engager dans la voie A, le conducteur du véhicule 1 doit céder le passage au piéton et au motocycliste.

Avant de s'engager dans la voie B, il doit céder le passage au piéton, au motocycliste et au véhicule 2.

Dans la situation illustrée ci-contre, le conducteur doit céder le passage au motocycliste et au piéton avant de s'engager dans l'entrée privée.

EN PRÉSENCE DE VÉHICULES D'URGENCE

Le conducteur d'un véhicule routier ou d'une bicyclette doit faciliter le passage d'un véhicule d'urgence dont les signaux clignotants ou pivotants ou les avertisseurs sonores fonctionnent. Pour ce faire, le conducteur doit réduire la vitesse de son véhicule, serrer à droite le plus possible et, si cela est nécessaire, s'immobiliser. Le conducteur du véhicule d'urgence n'a plus à se préoccuper des mouvements d'un autre véhicule, lorsque ce dernier est immobilisé. Il est très important de rester calme et de laisser la voie libre au véhicule qui veut passer, qu'il vienne en sens inverse ou par derrière. Il faut s'éloigner des intersections et éviter de virer devant le véhicule d'urgence (accepter plutôt l'idée de virer plus loin et de revenir sur ses pas au besoin). De cette façon, chacun peut contribuer à sauver la vie de quelqu'un dans le besoin. Les secondes comptent : il faut y penser !

EN PRÉSENCE D'AUTOBUS

Sur un chemin public où la vitesse maximale permise est inférieure à 70 km/h, le conducteur d'un véhicule routier doit céder le passage à un autobus dont le conducteur veut réintégrer la voie où il circulait avant de s'arrêter. Celui-ci doit toutefois s'assurer qu'il peut le faire sans danger et actionner les feux de changement de direction pour indiquer son intention. Cette obligation n'existe que pour les véhicules qui circulent dans la voie que veut réintégrer le conducteur d'autobus.

OBLIGATION EN PRÉSENCE D'UN AUTOBUS D'ÉCOLIERS

En présence d'un autobus scolaire, le conducteur d'un véhicule routier doit toujours se tenir prêt à arrêter le véhicule.

Les autobus scolaires doivent s'arrêter souvent pour faire monter ou descendre les écoliers. Pour éviter des manœuvres brusques de freinage ou d'accélération, le chauffeur d'autobus scolaire doit aviser les autres conducteurs avant d'immobiliser l'autobus. Il fait alors un présignalement d'arrêt obligatoire.

Le conducteur doit retenir ces deux étapes :

- lorsque les feux jaunes d'avertissement alternatifs ou les feux de détresse de l'autobus sont activés, il doit se **préparer à arrêter** le véhicule.

- lorsque les feux rouges intermittents clignotent ou que le panneau d'arrêt est activé, il doit **arrêter complètement** le véhicule.

Le conducteur d'un véhicule routier doit s'immobiliser à plus de cinq mètres d'un véhicule affecté au transport d'écoliers dont les feux rouges intermittents sont en marche ou le panneau du signal d'arrêt obligatoire est activé. Il peut le croiser ou le dépasser lorsque les feux rouges intermittents sont éteints, que le signal d'arrêt est replié, et après s'être assuré qu'il peut le faire sans danger.

Cette obligation s'applique au conducteur qui **circule sur la même route** que le véhicule affecté au transport d'écoliers, peu importe qu'il le suive ou le croise.

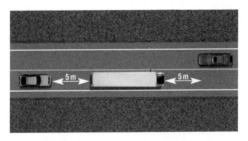

Si les voies de circulation sont séparées par un terre-plein ou un autre dispositif, le conducteur qui croise un autobus d'écoliers n'a pas à arrêter.

L'APPROCHE D'UN PASSAGE À NIVEAU

Au passage à niveau, le conducteur d'un véhicule routier ou d'une bicyclette doit immobiliser son véhicule à au moins cinq mètres de la voie ferrée, si l'arrivée ou la présence d'un véhicule sur rails est signalée par des feux rouges clignotants ou par une barrière abaissée, ou par un employé de chemin de fer.

Par ailleurs, le conducteur d'un véhicule routier évitera de s'engager sur un passage à niveau lorsqu'il n'y a pas, devant son véhicule, un espace suffisant lui permettant de le franchir complètement.

Sauf indication contraire, le conducteur d'un autobus, d'un minibus ou d'un véhicule transportant des matières dangereuses doit, en tout temps, avant de franchir un passage à niveau, immobiliser son véhicule à cinq mètres au moins de la voie ferrée. Il ne poursuivra sa route qu'après s'être assuré qu'il peut franchir le passage sans danger.

FAIRE MARCHE ARRIÈRE

Lorsqu'un conducteur effectue une marche arrière, il doit s'assurer que cette manœuvre peut être effectuée sans danger et sans gêne pour la circulation.

Toutefois, il est interdit de faire marche arrière sur une autoroute ou sur ses voies d'entrée ou de sortie.

LE PARTAGE DE LA ROUTE AVEC LES VÉHICULES LOURDS

Tous les automobilistes, motocyclistes et camionneurs ont leurs raisons pour emprunter le réseau routier. Tous ont également l'obligation de se comporter de façon responsable. Voici donc quelques consignes de sécurité qui font appel à la courtoisie et à la tolérance nécessaires à un partage de la route entre tous les usagers.

Il est important de connaître les principales contraintes liées à la conduite d'un véhicule lourd afin de mieux comprendre les manœuvres des camionneurs et d'être ainsi en mesure d'adopter une conduite préventive. Comme les camions sont plus longs, plus larges et plus lourds que les autres véhicules, ils sont plus difficiles à manœuvrer et plus lents à réagir que ces derniers.

Par exemple, il faut plus de temps et d'espace pour immobiliser un camion. Alors, lorsqu'un conducteur circule devant un véhicule lourd, il doit signaler suffisamment tôt son intention de tourner ou de changer de voie. Il faut à tout prix éviter les manœuvres brusques, comme réintégrer une voie trop rapidement en coupant le véhicule lourd. Avant de dépasser le camion, tout conducteur doit prévoir plus de temps et plus d'espace.

Quand le conducteur d'un camion signale son intention de faire un virage à droite, à une intersection, tout autre conducteur doit collaborer en restant à l'arrière et laisser le véhicule lourd terminer le virage sans lui couper le chemin.

En raison de la longueur et de la hauteur de son camion, le conducteur d'un véhicule lourd ne voit pas aussi facilement les autres usagers de la route. Il y a différents angles morts à l'avant et à l'arrière et sur les côtés. Ainsi, lorsqu'un automobiliste ou un motocycliste circule derrière, sans voir l'un des rétroviseurs latéraux du camion, cela signifie qu'il le suit de trop près. Il faut également éviter de circuler à côté d'un véhicule lourd et de prendre trop de temps au moment d'un dépassement, car le camionneur ne peut le voir.

LES ANGLES MORTS DES VÉHICULES LOURDS, VOYEZ-Y !

Les angles morts d'un véhicule lourd sont les parties de la route que ne peut voir le conducteur en raison des dimensions de son véhicule. Lorsque les autres usagers se trouvent dans ces zones, le conducteur ne peut les voir. Les probabilités de collision sont alors élevées. Il y a de tels angles morts à l'avant, à l'arrière et sur les côtés des véhicules lourds.

Voici cinq types de situations

••• À l'avant du véhicule •••

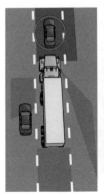 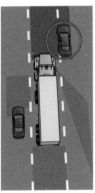

Une collision peut survenir lorsque le conducteur d'un véhicule léger coupe, par la gauche ou par la droite, le véhicule lourd trop rapidement et qu'il ralentit une fois devant lui.

••• À l'arrière du véhicule •••

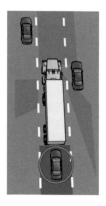

Un accident peut survenir lorsque le conducteur d'un véhicule léger suit de trop près un véhicule lourd et que ce dernier freine ou ralentit.

••• De chaque côté du véhicule •••

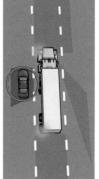

De chaque côté du véhicule lourd, il y a des angles morts qui ne sont pas couverts par les rétroviseurs. Une collision peut survenir lorsqu'un véhicule léger se trouve dans un de ces angles et que le véhicule lourd change de trajectoire soit vers la gauche, soit vers la droite.

À L'APPROCHE D'UNE ZONE DE TRAVAUX

Une série de panneaux en forme de losange et de couleur orange signifie que des travaux routiers sont en cours un peu plus loin sur la route. Les zones de travaux peuvent être signalés par des cônes, des barils, des barrières, des panneaux, des marques sur la chaussée, des flèches lumineuses ou des feux signaleurs temporaires.

À l'approche d'une zone de travaux, les conducteurs doivent redoubler de prudence en adoptant les règles de circulation suivantes :

- Rester patient. Les travaux sont réalisés pour améliorer les conditions de circulation. Ils ne peuvent toujours être effectués sans perturber quelque peu le trafic.

- Suivre attentivement les indications signalées sur les panneaux dont, entre autres, les limites de vitesse affichées. Celles-ci ont le même caractère légal que les limites de vitesse affichées en l'absence de travaux.

- Réduire la vitesse et conserver une plus grande distance entre les véhicules qui précèdent afin d'assurer assez de temps pour réagir de façon sécuritaire aux signaux d'avertissement de travaux.

- Surveiller le trafic, en utilisant les rétroviseurs et en balayant régulièrement du regard les véhicules qui circulent autour de vous.

- Observer l'environnement pour reconnaître la présence de travailleurs, de véhicules ou d'équipement de travail inattendus. Ceux-ci sont nécessaires à l'exécution des travaux. Respecter les travailleurs. Leur travail est important.

- Être prudent dans les zones de rétrécissement ou de fusion de voies. Les voies fermées signifient nécessairement un phénomène d'entonnoir qui peut entraîner un ralentissement de la circulation. Se déplacer du côté de la voie restée ouverte le plus rapidement possible. Ne pas attendre à la dernière seconde, car c'est plus difficile de trouver une place dans la voie ouverte à la circulation.

- Exercer une prudence extrême lorsque des chemins de déviation temporaires sont utilisés pour dévier le trafic. Surveiller également les surbaissements entre la chaussée et l'accotement.

- Respecter les signaux des signaleurs qui dirigent la circulation à proximité ou dans les zones de travaux.

IMMOBILISATION ET STATIONNEMENT DES VÉHICULES

Si les déplacements d'un véhicule sont soumis à de multiples règles, l'immobilisation doit aussi suivre certains principes. Les voici :

OBLIGATIONS

Le conducteur doit stationner son véhicule dans le sens de la circulation et à une distance d'au plus 30 centimètres de la bordure de la chaussée. S'il stationne dans une pente, il devra :

- appliquer le frein de stationnement ;
- orienter les roues avant de façon que tout déplacement de l'avant du véhicule se fasse vers la bordure la plus rapprochée.

Par la suite, il ne quittera pas son véhicule sans avoir préalablement enlevé la clef de contact et verrouillé les portières. De plus, il ne laissera pas sans surveillance, dans le véhicule, un enfant âgé de moins de sept ans.

Par ailleurs, une motocyclette et un cyclomoteur peuvent être stationnés en oblique par rapport à la bordure la plus rapprochée de la chaussée et dans le sens de la circulation.

La nuit, le conducteur qui, par nécessité, immobilise temporairement son véhicule sur la chaussée, doit garder allumés les feux de position ou les feux de détresse. Il pourra aussi signaler la présence de son véhicule à l'aide de lampes ou fusées éclairantes visibles d'une distance d'au moins 150 mètres.

INTERDICTIONS

Sauf en cas de nécessité, le conducteur doit éviter d'immobiliser ou de stationner son véhicule de manière à rendre une signalisation inefficace, à nuire à la circulation, à l'exécution de travaux, à l'entretien d'un chemin ou à l'accès à une propriété.

Ainsi, il est interdit de stationner ou d'immobiliser son véhicule :

- à tout endroit où le stationnement est interdit par une signalisation à cet effet ;
- sur un trottoir et un terre-plein ;
- dans une intersection, sur un passage pour piétons et sur un passage à niveau, ni à moins de cinq mètres de ceux-ci ;
- sur une autoroute ou sur ses voies d'entrée ou de sortie ;
- sur une voie élevée, un pont, un viaduc et dans un tunnel ;
- sur un chemin public où la vitesse maximale permise est de 70 km/h ou plus ;
- à moins de cinq mètres d'un signal d'arrêt, d'une borne d'incendie, d'un poste de police ou d'un poste de pompiers ;
- sur une voie réservée exclusivement à certains véhicules ;
- à moins de huit mètres d'un poste de police ou de pompiers lorsque l'immobilisation se fait du côté opposé de la chaussée ;
- dans des zones réservées aux autobus et identifiées comme telles ;
- dans une zone de débarcadère ;
- devant une rampe de trottoir aménagée spécialement pour les personnes handicapées ;
- dans un espace de stationnement réservé à l'usage exclusif des personnes handicapées.

Malgré ces interdictions, le conducteur peut, pour faire monter ou descendre une personne handicapée, immobiliser son véhicule à l'un de ces endroits s'il peut le faire sans danger.

Toutefois, pour immobiliser un véhicule dans un espace de stationnement réservé aux personnes handicapées, il est obligatoire d'avoir une vignette de stationnement autorisant l'utilisation de cet espace.

De même, on ne peut pas abandonner un véhicule routier sur un chemin public. Le cas échéant, le véhicule est déplacé et remisé aux frais de son propriétaire.

ESPACE RÉSERVÉ AUX PERSONNES HANDICAPÉES ET VIGNETTE DE STATIONNEMENT

Pour immobiliser un véhicule dans un espace de stationnement réservé aux personnes handicapées, il faut :

- munir le véhicule d'une vignette délivrée par la Société de l'assurance automobile du Québec au nom du conducteur ou de la personne qui l'accompagne;

- suspendre cette vignette au rétroviseur intérieur de façon qu'elle soit visible de l'extérieur.

- avoir le certificat d'attestation au moment de stationner.

Cet espace de stationnement peut aussi être utilisé par une personne titulaire d'une vignette, d'une plaque ou d'un permis affichant le symbole international de fauteuil roulant délivrés par une autre autorité administrative au Canada, par un pays membre ou associé de la Conférence européenne des ministres des transports.

Pour obtenir une vignette délivrée par la Société, la personne doit répondre aux critères définis au Règlement sur les vignettes d'identification pour l'utilisation des espaces de stationnement réservés aux personnes handicapées, c'est-à-dire qu'elle doit être atteinte d'une incapacité pour une durée d'au moins 6 mois qui :

- occasionne une perte d'autonomie;

- risque de compromettre sa santé et sa sécurité dans ses déplacements entre son véhicule stationné et sa destination.

Une personne qui désire obtenir une vignette doit transmettre à la Société le formulaire prévu à cet effet, dûment rempli et accompagné du montant requis. Dans certains cas, elle peut avoir à fournir à ses frais une évaluation professionnelle démontrant qu'elle répond aux conditions d'admissibilité.

Cette vignette est délivrée à la personne handicapée. Elle ne peut être prêtée à aucune autre personne.

De plus, la Société peut délivrer une vignette à un établissement public au sens de la Loi sur les services de santé et les services sociaux, lorsque cet établissement est propriétaire d'un véhicule équipé de dispositifs d'immobilisation de fauteuils roulants.

Si un agent de la paix l'exige, le conducteur ou son passager doit lui remettre le certificat de la Société attestant la délivrance de la vignette pour lui permettre de faire les vérifications nécessaires.

Le titulaire d'une vignette de stationnement doit, dans les 30 jours, informer la Société de tout changement d'adresse ou de la destruction, de la perte ou du vol de la vignette ou du certificat attestant sa délivrance.

Le titulaire doit retourner à la Société la vignette et le certificat d'attestation, lorsque leur utilisation n'est plus requise ou lorsqu'il ne remplit plus les conditions fixées pour leur obtention.

PRATIQUES NON AUTORISÉES

CIRCULATION INTERDITE – OÙ ET QUAND ?

Certaines manœuvres ou certains comportements sont strictement interdits ou permis avec réserves, et ce, pour assurer la sécurité de tous les usagers de la route, en déplacement ou à l'arrêt.

SUR L'ACCOTEMENT

Le conducteur d'un véhicule routier ne peut circuler sur l'accotement, sauf en cas de nécessité (voie fermée ou obstruée, urgence) ou à moins qu'une signalisation ne l'autorise.

POUR DES MOTIFS D'URGENCE

Le conducteur doit s'abstenir de conduire un véhicule aux endroits et pendant les périodes visées par une interdiction des autorités compétentes pour des motifs d'urgence ou en raison du dégel, de la pluie ou d'une inondation.

COURSE OU RALLYE

Il est interdit de conduire un véhicule sur le réseau routier à l'occasion d'un pari ou d'une course à moins qu'il ne s'agisse d'un rallye organisé en conformité avec les normes établies.

AVEC DES PASSAGERS EXCÉDENTAIRES

Le conducteur d'un véhicule routier ne peut transporter plus de passagers que le nombre de ceintures de sécurité disponibles dans son véhicule.

De même, la banquette avant ne doit pas être occupée par plus de trois personnes ; si le véhicule est équipé de sièges baquets, deux personnes au plus y prendront place.

Par ailleurs, aucun passager ne doit être admis dans une remorque ou une semi-remorque en mouvement, à moins que celles-ci soient aménagées à des fins spécifiques et que le chemin utilisé soit fermé à la circulation.

AVEC DES BOISSONS ALCOOLISÉES

Aucun occupant ne peut consommer de boissons alcoolisées dans un véhicule routier en circulation ou stationné dans un endroit où le public est autorisé à circuler.

PRATIQUES NON AUTORISÉES CONCERNANT LE VÉHICULE

VÉHICULE EN MARCHE

Il est interdit de se tenir sur le marche-pied d'un véhicule en marche, d'y monter ou d'en descendre. Toutefois, ces pratiques sont autorisées pour la personne qui, dans l'exercice de ses fonctions, doit se tenir sur une partie extérieure d'un véhicule spécialement aménagé à cette fin.

En outre, il est interdit d'ouvrir les portières, à moins d'un arrêt du véhicule et pourvu que la manœuvre ne comporte aucun danger.

PLAQUE D'IMMATRICULATION

Le conducteur d'un véhicule routier dont l'immatriculation autorise à circuler exclusivement sur un terrain ou un chemin privé ne peut circuler sur un chemin public. Toutefois, le conducteur d'un tel véhicule, à l'exception d'un véhicule sur chenilles métalliques, est autorisé à traverser un chemin public autre qu'une autoroute.

CRISSEMENT DE PNEUS

Il est interdit de faire crisser les pneus de son véhicule ou de freiner brusquement à moins d'y être obligé pour des raisons de sécurité.

REMORQUAGE

Le conducteur d'un véhicule routier ne peut remorquer un autre véhicule dont les roues demeurent au sol, à moins que celui-ci ne soit solidement retenu au moyen d'une barre.

BALADEUR, TÉLÉVISEUR, DÉTECTEUR DE RADAR

Le conducteur d'un véhicule ne peut porter un baladeur ou des écouteurs en conduisant.

Sauf exceptions prévues au *Règlement sur les normes de sécurité des véhicules routiers*, il est interdit de conduire un véhicule muni de l'un ou l'autre de ces objets :

- téléviseur ou écran pouvant afficher de l'information et placé de façon que le conducteur puisse voir l'écran ;
- détecteur de radar.

On ne peut non plus conduire un véhicule lorsqu'un passager, un animal ou un objet est placé de façon à obstruer la vue.

PRATIQUES NON AUTORISÉES CONCERNANT L'UTILISATION DES CHEMINS PUBLICS

OBJETS ET OBSTACLES

En règle générale, il est interdit de lancer, ou de déposer de la neige ou de la glace sur un chemin public. Il est aussi défendu d'y jeter un objet quelconque ou d'entraver la circulation au moyen d'obstacles.

PASSAGES D'ANIMAUX

On ne peut pas faire circuler ou faire traverser des animaux de ferme sur un chemin public s'ils ne sont pas accompagnés de deux personnes munies d'un drapeau rouge. La nuit, il est interdit de les faire circuler ou de les faire traverser. En aucun moment cette pratique n'est autorisée sur l'autoroute.

ÉQUITATION

Il n'est pas permis de faire de l'équitation sur une autoroute ou sur ses voies d'entrée et de sortie ainsi qu'à tout autre endroit où une signalisation l'interdit.

RÈGLES PARTICULIÈRES À CERTAINS USAGERS

La particularité des règles exposées dans la présente section vient du fait qu'elles s'adressent spécifiquement à certaines catégories d'usagers et qu'elles s'ajoutent aux autres règles de la circulation déjà présentées.

Par ailleurs, des règles concernant d'autres aspects de la conduite peuvent exister pour certains usagers, par exemple le *Règlement sur les véhicules routiers affectés au transport des élèves*, la *Loi sur les véhicules hors route* ainsi que plusieurs règlements se rapportant aux utilisateurs de véhicules lourds. Il faudra alors se référer à chacun des règlements pour connaître les autres obligations auxquelles ces usagers doivent se conformer.

LE PIÉTON

IDENTIFICATION OBLIGATOIRE

En sa qualité d'usager de la route à part entière, le piéton est maintenant tenu de présenter son permis de conduire ou de déclarer ses nom et adresse à la demande d'un agent de la paix qui juge qu'une infraction au *Code de la sécurité routière* a été commise.

OBLIGATIONS

Le piéton est tenu d'emprunter le trottoir qui longe la chaussée. S'il n'y en a pas, il doit circuler sur l'accotement ou au bord de la chaussée, dans le sens contraire à la circulation.

Lorsqu'il y a une intersection ou un passage pour piétons à proximité, le piéton doit les emprunter pour traverser un chemin public. Il doit, avant de s'y engager, s'assurer qu'il peut le faire sans danger.

Par ailleurs, lorsqu'il n'y a pas d'intersections ou de passages pour piétons à proximité, le piéton qui traverse un chemin public doit céder le passage aux véhicules et aux cyclistes.

Le piéton doit se conformer aux feux de piétons installés à une intersection. Le feu blanc l'autorise à traverser la chaussée. Le signal clignotant l'invite à se dépêcher d'atteindre le trottoir ou la zone de sécurité s'il a commencé à traverser. Le feu orange lui interdit de s'engager sur la chaussée.

En l'absence de feux de piétons, le piéton doit obéir aux feux de circulation.

RESTRICTIONS

Le *Code de la sécurité* routière interdit aux piétons :

- de traverser une intersection en diagonale, à moins d'une signalisation contraire ;
- de faire de l'auto-stop en se plaçant sur la chaussée ou à un endroit où le dépassement est interdit ;
- de se tenir sur la chaussée pour discuter avec l'occupant d'un véhicule routier ;
- de circuler sur une autoroute et sur ses voies d'entrée ou de sortie, sauf en cas de nécessité. Un piéton ne peut traverser une autoroute qu'aux endroits où il y a des feux de circulation ;
- de faire usage sur la chaussée de patins, de skis, d'une planche à roulettes ou d'un véhicule jouet.

QUELQUES CONSEILS DE SÉCURITÉ

Avant de traverser, il vaut mieux regarder par-dessus son épaule et bien vérifier si un véhicule ne vient pas de l'arrière et s'apprête à tourner sur son chemin. Il faut regarder à gauche, à droite, puis de nouveau à gauche avant de s'engager sur la chaussée ; il faut apprendre aussi à bien évaluer le temps qu'il faut pour traverser la chaussée de façon sécuritaire.

Le soir, le port de vêtements clairs rend plus visible. Pour augmenter la sécurité des jeunes piétons sur le chemin de l'école, il est suggéré de coller des bandes réfléchissantes sur leurs vêtements et leurs sacs d'écoliers.

LE CYCLISTE

La pratique de la bicyclette a connu une progression importante au cours des dernières années. La bicyclette est un moyen de transport efficace pour protéger l'environnement, améliorer la santé et réduire la congestion de la circulation. Or, rouler à bicyclette ne se fait pas sans risques puisque, chaque année, de nombreux cyclistes sont victimes d'accidents.

Les cyclistes sont soumis aux mêmes règles de circulation que les autres usagers de la route, de même qu'à un certain nombre de dispositions particulières. De plus, le *Code de la sécurité routière* les oblige à s'identifier à la demande d'un policier qui estime qu'une infraction a été commise.

L'ÉQUIPEMENT OBLIGATOIRE

La bicyclette doit être munie d'un réflecteur blanc à l'avant, et de réflecteurs rouges à l'arrière et sur les rayons de la roue arrière. Il doit y avoir un réflecteur de couleur jaune sur chaque pédale et sur les rayons de la roue avant. La nuit, la bicyclette doit être munie d'au moins un phare blanc à l'avant et d'un feu rouge à l'arrière.

Toute bicyclette doit être munie d'au moins un système de freins agissant sur la roue arrière et en mesure de la bloquer rapidement.

LES RÈGLES DE CIRCULATION

Le cycliste doit circuler en tenant constamment son guidon. S'il fait partie d'un groupe de deux ou plus, il doit rouler à la file. Le maximum permis dans une file est de 15 cyclistes. Il doit conduire à l'extrême droite de la chaussée et dans le sens de la circulation, sauf :

- en cas d'obstruction ;
- lorsqu'il veut effectuer un virage à gauche.

En plus de se conformer à toute signalisation, il doit également signaler ses intentions de façon à être perçu par les autres usagers de la route, en particulier :

| pour arrêter ou ralentir, en pointant le bras gauche vers le bas | pour tourner à droite, en élevant l'avant-bras gauche verticalement vers le haut ou en étendant le bras droit vers la droite | pour tourner à gauche, en étendant le bras gauche vers la gauche |

Enfin, si le chemin public comporte une voie cyclable, le cycliste est tenu de l'utiliser. De même, lorsque la route comporte un accotement asphalté, le cycliste devrait y circuler.

Il est interdit de conduire une bicyclette entre deux rangées de véhicules immobilisés ou en mouvement, sur une autoroute ou sur ses voies d'entrée ou de sortie.

Nul ne peut circuler à bicyclette sur un chemin public où la vitesse maximale permise est de plus de 50 km/h, sauf dans l'un des cas suivants :

- la chaussée comporte une voie cyclable, séparée de la voie de circulation des véhicules routiers par une barrière physique ;
- le cycliste est âgé d'au moins 12 ans ;
- le cycliste participe à une excursion dirigée par une personne majeure.

Le cycliste ne doit pas consommer de boissons alcoolisées en cours de trajet ni transporter un passager à moins de disposer d'un siège fixé à cette fin. Il ne peut circuler sur un trottoir, sauf en cas de nécessité ou à moins que la signalisation ne le permette.

Il lui est de plus interdit de s'agripper à un véhicule routier en mouvement, de même que de circuler avec un baladeur (Walkman) ou des écouteurs.

POUR UNE SÉCURITÉ ACCRUE

Le port de vêtements clairs et colorés rend le cycliste mieux visible dans la circulation.

Bien qu'il ne soit pas obligatoire, le port du casque est un moyen de protection efficace pour réduire l'effet des impacts à la tête, en cas de chute.

Le fanion «écarteur de danger» oblige le conducteur à laisser davantage d'espace entre son véhicule et la bicyclette qu'il dépasse.

Le cycliste devrait utiliser un panier ou un porte-bagages si nécessaire pour une conduite en toute sécurité.

Il faut vérifier fréquemment le bon état de fonctionnement et la solidité des divers éléments de l'équipement et des accessoires, tels le guidon, les freins, les jantes, les pneus et la chaîne.

LA BICYCLETTE ÉLECTRIQUE

Le conducteur d'une bicyclette assistée doit :
- être âgé d'au moins 14 ans ;
- porter un casque de sécurité pour cycliste ;
- s'il est âgé entre 14 et 17 ans, être titulaire d'un permis autorisant au moins la conduite d'un cyclomoteur.

Notons que toute personne de 18 ans et plus peut conduire une bicyclette assistée sans être titulaire d'un tel permis.

Les nouvelles dispositions du *Code de la sécurité routière* permettent également au conducteur de la bicyclette électrique d'utiliser ou non une piste cyclable, ce qui diffère du cycliste traditionnel qui est obligé d'utiliser une telle voie lorsque le chemin public en comporte une.

Les caractéristiques de la bicyclette assistée à moteur électrique doivent être conformes aux exigences de la *Loi sur la sécurité automobile* et du *Code de la sécurité routière*. Elle doit notamment être conçue pour rouler sur deux ou trois roues et équipée de pédales et d'un moteur électrique ne dépassant pas 500 watts de puissance, qui cesse de fournir de l'assistance lorsque la bicyclette a atteint 32 km/h.

Le cycliste ne doit pas permettre à une autre personne de s'agripper ou de s'accrocher à sa bicyclette.

L'UTILISATEUR D'UNE TROTTINETTE À PIED

Dans le but d'améliorer la sécurité routière, il est interdit de circuler la nuit en trottinette sur un chemin public, à moins qu'elle ne soit munie d'un réflecteur ou d'un matériau réfléchissant blanc à l'avant, rouge à l'arrière et sur chaque côté de la trottinette, le plus près possible de l'arrière. Pour les trottinettes qui ne sont pas équipées de ces réflecteurs, les conducteurs devront, pour circuler la nuit, porter un vêtement ou un accessoire muni d'un matériau réfléchissant visible des usagers de la route. Le conducteur d'une trottinette qui circulera la nuit sans respecter ces nouvelles conditions sera passible d'une amende de 25 $ à 50 $.

Enfin, toute trottinette devra être munie d'au moins un système de freins agissant sur la roue arrière. Le propriétaire dont la trottinette ne sera pas équipée d'un tel système de freins sera passible d'une amende de 15 $ à 30 $.

LE MOTOCYCLISTE ET LE CYCLOMOTORISTE

Le motocycliste et le cyclomotoriste doivent circuler assis sur leur siège en tenant constamment le guidon. Lorsqu'ils circulent, le phare blanc de leur véhicule doit toujours rester allumé. S'ils transportent un passager, ils doivent s'assurer que celui-ci est assis face au guidon, les pieds sur les appuie-pied. Lorsqu'ils circulent en groupe de deux ou plus dans une voie de circulation, ils doivent adopter la formation en zigzag.

Ils doivent également porter un casque protecteur conforme aux normes. Cette précaution s'applique aussi au passager arrière ou assis dans une caisse adjacente au véhicule. De plus, le motocycliste, le cyclomotoriste et leur passager sont tenus d'accepter lorsqu'un agent de la paix leur demande de vérifier leur casque.

Il est interdit de conduire une motocyclette ou un cyclomoteur entre deux rangées de véhicules immobilisés ou en mouvement. On ne peut non plus conduire, sur une autoroute ou sur ses voies d'entrée ou de sortie, un cyclomoteur ou une motocyclette munis d'un moteur dont la cylindrée est de 125 cm^3 ou moins.

Le conducteur d'une motocyclette ou d'un cyclomoteur ne peut transporter aucune personne, à moins que son véhicule ne soit muni d'un siège fixe et permanent destiné à cet usage ainsi que d'appuie-pied fixés de chaque côté.

Il ne peut circuler sur un trottoir, sauf en cas de nécessité ou à moins que la signalisation ne le permette.

Enfin, le conducteur d'une motocyclette ou d'un cyclomoteur doit se conformer à toute signalisation routière.

AVOIR LE SOUCI D'ÊTRE VU

La motocyclette et le cyclomoteur doivent être munis d'au moins un phare blanc à l'avant et d'un feu rouge à l'arrière, de deux feux indicateurs de changement de direction à l'arrière et à l'avant et d'un feu de freinage rouge. La caisse adjacente, s'il y en a une, doit être munie d'un feu rouge à l'arrière, placé le plus près possible de l'extrémité droite.

Compte tenu du fait que l'information, dans une proportion de 80 à 90 %, parvient au conducteur par la vue, le motocycliste et le cyclomotoriste doivent constamment s'assurer d'être vus par les autres conducteurs de véhicules routiers. C'est pourquoi le phare doit rester allumé pendant toute la durée des déplacements. De plus, ils veillent à occuper, dans une voie, la position correcte et portent, la nuit, des vêtements réfléchissants et de couleur claire.

LE CONDUCTEUR D'UN VÉHICULE D'URGENCE

Le conducteur d'un véhicule d'urgence ne doit actionner les signaux lumineux ou sonores, ou tout autre dispositif dont son véhicule est muni, que dans l'exercice de ses fonctions et si les circonstances l'exigent.

Il n'est alors pas tenu de se conformer aux règles de la circulation concernant les limites de vitesse, les dépassements, les immobilisations et stationnements, la signalisation (panneaux, marquage et feux de circulation) et les priorités de passage.

LE CONDUCTEUR AFFECTÉ AU TRANSPORT SCOLAIRE

Le conducteur d'un autobus ou d'un minibus affecté au transport scolaire ne peut transporter plus de passagers qu'il n'y a de places disponibles pour les asseoir.

Il ne doit pas mettre son véhicule en mouvement tant que toutes les personnes ne sont pas assises et doit aussi s'assurer qu'elles le demeurent pendant le trajet.

Le conducteur d'un autobus ou d'un minibus affecté au transport scolaire doit avertir les autres usagers de la route qu'il a arrêté son véhicule pour faire monter ou descendre des passagers. Il doit mettre en marche les feux intermittents en actionnant le signal d'arrêt obligatoire tant que les personnes ne sont pas en sécurité et jusqu'à ce que les passagers aient atteint le trottoir ou la bordure de la rue.

Lorsque le conducteur d'un autobus scolaire est immobilisé à la file derrière un autre autobus affecté au transport des élèves dont les feux intermittents sont en marche, il doit actionner les feux intermittents et le signal d'arrêt obligatoire. En toute autre circonstance, le conducteur évite de faire fonctionner les feux intermittents et d'actionner le signal d'arrêt obligatoire.

LE CONDUCTEUR CIRCULANT SUR UN CHEMIN FORESTIER

Depuis le 1er avril 1999, certains articles du *Code de la sécurité routière* doivent être respectés sur les chemins forestiers comme dans l'ensemble du réseau routier du Québec.

PAS D'ALCOOL AU VOLANT

Dorénavant, toute personne soupçonnée de conduire en état d'ébriété sur un chemin forestier pourra être interceptée par un agent de la paix dans le but de subir un alcootest.

UNE LIMITE DE VITESSE À RESPECTER

Sur les chemins forestiers, il faut maintenant respecter la limite de vitesse de 70 km/h, à moins d'une signalisation contraire. Il est aussi important d'adapter sa conduite aux conditions de la route.

De plus, tous les conducteurs doivent avoir en main leur permis de conduire valide et de la classe appropriée au type de véhicule conduit, le certificat d'immatriculation du véhicule et leur attestation d'assurance-responsabilité.

UNE CEINTURE DE SÉCURITÉ À PORTER

Sur les chemins forestiers, le conducteur du véhicule et ses passagers doivent obligatoirement porter la ceinture de sécurité.

Un véhicule en bon état de fonctionnement

Tous les véhicules qui circulent sur les chemins forestiers doivent être en bon état de fonctionnement. De plus, leur chargement doit être retenu solidement et il doit respecter les normes d'arrimage prévues dans le *Code de la sécurité routière.*

La conduite à droite

Les chemins forestiers sont fréquentés par différents types de véhicule : des automobiles, des camionnettes, des véhicules récréatifs, etc. Surtout, ils sont utilisés par des camions qui contiennent de lourds chargements. Il faut donc, en tout temps, faire preuve de prudence et, constamment, garder la droite lorsque l'on croise un autre véhicule, et ce, dans les courbes et dans les pentes plus particulièrement.

Rouler en forêt en toute sécurité

Sur les chemins forestiers, en ce qui concerne les règles de prudence à adopter, tout est question de gros bon sens.

- Diminuer la vitesse du véhicule avant de traverser un pont. En effet, très souvent, il n'y a qu'une seule voie pour rouler.
- Stationner le véhicule sur le côté afin qu'il soit visible, mais dégagé de la route. Ne jamais le garer dans une courbe ou une pente. Pour observer des animaux sur le bord du chemin, les mêmes règles s'appliquent.
- Utiliser un poste de bande publique *(C.B.)* pour signaler votre position aux autres usagers du chemin forestier que vous empruntez.
- En cas de nécessité, dépasser un autre véhicule à vitesse modérée, pour éviter de projeter gravier ou cailloux dans son pare-brise.
- En début et en fin de journée, redoubler de vigilance afin d'éviter une collision avec un animal.
- Avant de partir, prévoir un deuxième pneu de rechange.
- Sur la route, en tout temps, garder les phares allumés.

LE CONDUCTEUR TRANSPORTANT UN CHARGEMENT

Le *Code de la sécurité routière* oblige le conducteur, notamment :

- à respecter la réglementation sur le transport des matières dangereuses, à se conformer aux directives d'un agent de la paix qui exigerait l'inspection de la cargaison et à lui remettre les documents concernant la cargaison et ceux établissant sa compétence dans le transport des matières dangereuses ;

- à installer un drapeau rouge ou un panneau réfléchissant à l'extrémité d'un chargement excédant de plus d'un mètre l'arrière du véhicule. De plus, si le véhicule doit circuler la nuit, le conducteur doit installer un feu rouge visible d'une distance d'au moins 150 mètres de l'arrière et des côtés ;

- à munir un véhicule lent d'un panneau avertisseur.

Le *Code de la sécurité routière* interdit de conduire ou de laisser conduire un véhicule dont le chargement :

- n'est pas suffisamment retenu de manière à ce qu'aucune de ses parties ne puisse se déplacer ;

- réduit le champ de vision du conducteur ou masque ses feux et ses phares ;

- compromet la stabilité ou la conduite du véhicule.

Le conducteur ne doit pas accepter de passagers dans une remorque ou semi-remorque en mouvement.

LE CONDUCTEUR D'UN VÉHICULE LOURD

Le conducteur, le propriétaire et l'exploitant de véhicules lourds (véhicules routiers et ensembles de véhicules routiers dont la masse nette est supérieure à 3 000 kg, autobus, minibus, dépanneuses et véhicules routiers servant au transport des matières dangereuses) sont tenus de respecter plusieurs règles propres aux véhicules lourds[3].

VÉRIFICATION AVANT DÉPART

Le conducteur doit s'assurer que le véhicule ne présente aucune défectuosité. Afin de conduire en toute sécurité, il doit effectuer une vérification du véhicule avant de prendre la route, noter ses observations sur l'état mécanique au rapport de vérification et signaler sans délai à l'exploitant toute défectuosité mécanique. Il doit également remplir et tenir à jour le rapport de vérification du véhicule lourd qu'il conduit et le conserver à bord.

L'exploitant du véhicule lourd doit placer dans ce véhicule un rapport de vérification. Il est tenu de s'assurer que le conducteur conserve ce rapport à bord du véhicule lourd et y inscrive tous les renseignements requis. L'exploitant doit également informer le propriétaire de toute défectuosité notée et lui transmettre une copie du rapport de vérification du véhicule lourd. L'exploitant ne doit pas utiliser un véhicule lourd qui présente une défectuosité majeure.

Le propriétaire du véhicule lourd doit réparer toutes les défectuosités mécaniques qui lui sont signalées. Les défectuosités mineures doivent l'être à l'intérieur de 48 heures. Par contre, il est interdit de conduire un véhicule présentant des défectuosités majeures. De plus, le propriétaire doit s'assurer d'obtenir une copie du rapport de vérification lorsque son véhicule lourd est utilisé par l'exploitant.

3. La personne intéressée à obtenir plus d'information concernant les véhicules lourds est invitée à acheter le guide *Conduire un véhicule lourd*, vendu aux Publications du Québec, ou à se procurer gratuitement les brochures *Obligations des utilisateurs des véhicules lourds* et *Vérification avant départ*, ainsi que les publications offertes dans les différents points de service de la Société de l'assurance automobile du Québec.

Le conducteur doit toujours conserver son rapport de vérification à bord du véhicule lourd. L'absence de ce rapport à bord constitue une infraction.

HEURES DE CONDUITE ET DE TRAVAIL

Le conducteur doit fournir un nombre d'heures de conduite et de travail conforme aux normes, tenir une fiche journalière de ses heures et conserver à bord du véhicule les fiches journalières des heures de conduite et de travail des jours précédents et ce, en fonction de sa période de référence permettant le calcul du nombre d'heures autorisé.

L'exploitant est tenu de s'assurer que le conducteur conserve à bord de son véhicule les fiches journalières sur les heures de travail et de conduite et qu'il y inscrive les renseignements requis. L'exploitant doit aussi s'assurer que le conducteur respecte le nombre d'heures de conduite et de travail et qu'il lui remette, à son retour, une copie de ses fiches journalières.

PERMIS DE CONDUIRE

Le conducteur d'un véhicule lourd doit être titulaire d'un permis de conduire correspondant au type de véhicule utilisé et comportant les mentions appropriées aux caractéristiques du véhicule, comme transmission manuelle, freinage pneumatique ou train routier.

Il doit également informer l'exploitant, le propriétaire ou toute personne qui fournit les services d'un conducteur lorsque son permis de conduire a été révoqué ou suspendu et lors de tout changement de classe autorisant la conduite du véhicule.

Le conducteur doit aussi se conformer aux exigences d'un agent de la paix qui lui retire le permis de conduire lorsque le nombre d'heures de conduite ou de travail prévu par règlement a été dépassé pour la période correspondant au nombre d'heures de repos prescrit.

AUTRES OBLIGATIONS

Le conducteur est tenu de se présenter à un poste de contrôle lorsqu'un agent autorisé ou une signalisation l'y oblige. Cette obligation ne s'applique pas au conducteur d'un véhicule d'urgence utilisé durant un sinistre ou pour revenir au point de départ.

Il ne doit pas conduire un véhicule qui n'est pas placé, retenu ou recouvert conformément au *Règlement sur les normes d'arrimage des charges* dans lequel sont prescrites les normes d'arrimage des charges en fonction de chaque type de chargement.

Il doit aussi s'assurer que le véhicule n'excède pas en longueur, en largeur ou en charge les normes prescrites.

Le propriétaire ou le locataire d'un véhicule hors normes ne peut laisser circuler ce véhicule à moins d'obtenir un permis spécial de circulation. Le conducteur doit avoir ce permis avec lui lorsqu'il circule et en respecter les conditions.

RÈGLES SUPPLÉMENTAIRES POUR LES CONDUCTEURS D'AUTOBUS

Pour faire monter ou descendre les passagers, le conducteur doit immobiliser l'autobus à l'extrême droite de la chaussée ou dans les zones prévues à cette fin. Il doit d'abord s'assurer qu'il peut le faire sans danger et ouvrir la porte uniquement lorsque le véhicule est complètement immobilisé.

Le conducteur d'autobus doit distribuer et arrimer correctement les bagages et le fret dans l'autobus.

Le conducteur d'un autobus scolaire ne peut pas transporter plus de passagers que le nombre de places assises disponibles. Il est à noter que cette disposition ne s'applique pas à tout autre autobus ou minibus urbain ou à ceux circulant à l'extérieur d'un milieu urbain, à condition que le nombre de passagers excédant le nombre de sièges disponibles ne dépasse pas un passager par rangée de sièges.

ENCADREMENT DES UTILISATEURS DE VÉHICULES LOURDS

En 1998, un nouvel encadrement a été mis en place afin d'évaluer de façon équitable le comportement des utilisateurs de véhicules lourds.

••• Inscription •••

Depuis avril 1999, les propriétaires et exploitants de véhicules lourds doivent s'inscrire au registre de la Commission des transports du Québec.

••• Suivi •••

Un dossier, servant à évaluer le comportement des utilisateurs de véhicules lourds, est établi par la Société de l'assurance automobile du Québec. Ce dossier est basé sur les infractions commises sur route ou en entreprise, sur les accidents dans lesquels les utilisateurs et leurs conducteurs sont impliqués, de même que sur les résultats des inspections mécaniques effectuées sur les véhicules.

••• Cote •••

Depuis 1999, tout propriétaire ou exploitant de véhicules lourds se voit attribuer une cote reflétant son comportement. Celle-ci permet d'identifier les utilisateurs de véhicules lourds qui présentent un risque pour la sécurité routière ou pour la préservation du réseau routier.

••• Sanction •••

Les interventions auprès des propriétaires ou exploitants de véhicules lourds visent à améliorer leur comportement routier. Elles peuvent prendre la forme d'activités de sensibilisation et de soutien, de contrôle sur route ou en entreprise. Par contre, le dossier d'un propriétaire ou d'un exploitant représentant un risque élevé peut être acheminé à la Commission des transports du Québec pour l'application d'une sanction, notamment une formation obligatoire liée à la sécurité routière, l'obligation d'effectuer des vérifications mécaniques plus fréquentes ou d'installer des limiteurs de vitesse sur les véhicules lourds.

PARTAGE DE LA ROUTE ET MANŒUVRABILITÉ D'UN VÉHICULE LOURD

Les conséquences d'un accident impliquant un véhicule lourd sont suffisamment graves pour adopter en tout temps une conduite préventive. Comme beaucoup de conducteurs ne connaissent pas les contraintes liées à la conduite d'un véhicule lourd, ils ne sont pas alors en mesure de prévoir certaines manœuvres des camionneurs.

En tant qu'habitués de la route, les camionneurs doivent aider les autres conducteurs en signalant leurs intentions. Pour être mieux vus ils doivent, comme les autres véhicules, rouler les phares allumés. Il est aussi recommandé d'installer des bandes réfléchissantes sur les camions.

Pour ne pas ralentir le flot de la circulation, les camionneurs pourraient emprunter la voie d'extrême droite s'ils circulent plus lentement. Lorsqu'il y a une voie réservée aux véhicules lents, ils doivent l'utiliser.

Comme un camion a besoin de plus d'espace et de temps pour s'immobiliser qu'une automobile, le camionneur ne doit jamais dépasser la charge maximale ni la vitesse autorisée. Il doit veiller à ce que le système de freinage du camion soit toujours en bon état. De plus, le camionneur doit respecter les limites de vitesse et redoubler d'attention la nuit et par mauvais temps ou lorsque les conditions de la chaussée sont mauvaises. Il doit éviter, en tout temps, de talonner de trop près tout autre conducteur qui le précède.

LE CONDUCTEUR D'UN VÉHICULE HORS ROUTE

Sont considérés comme véhicules hors route :

- les motoneiges dont la masse nette n'excède pas 450 kg et dont la largeur, équipement compris, n'excède pas 1,28 mètre ;
- les véhicules tout-terrains motorisés, munis d'un guidon et d'au moins deux roues, qui peuvent être enfourchés et dont la masse nette n'excède pas 600 kg ;
- les autres véhicules motorisés destinés à circuler en dehors des chemins publics et prévus par règlement.

Les véhicules hors route, soit les véhicules tout-terrains et les motoneiges, connaissent beaucoup de popularité. Malheureusement, l'imprudence et l'absence d'équipement de sécurité occasionnent à leurs utilisateurs de nombreuses blessures, parfois graves, et entraînent même des décès. Le conducteur qui ne respecte pas les règles de conduite établies pour ces véhicules commet une infraction en plus de mettre sa vie et celle des autres en danger.

RÈGLES D'UTILISATION D'UN VÉHICULE HORS ROUTE

Tout conducteur de véhicule hors route doit être âgé d'au moins 14 ans.

S'il a moins de 16 ans, il doit être titulaire d'un certificat, obtenu de la Fédération des clubs de motoneigistes du Québec ou de la Fédération québécoise des clubs « quads », attestant qu'il possède les aptitudes et les connaissances requises pour conduire un tel véhicule.

Pour emprunter un chemin public, le conducteur d'un véhicule hors route doit être titulaire d'un permis qui l'autorise, en vertu du *Code de la sécurité routière*, à conduire un véhicule routier sur un tel chemin et doit respecter les conditions et restrictions qui s'y rattachent. Ainsi, une personne de 16 ans et plus doit être titulaire d'un permis de conduire ou probatoire de la classe 5 ou 6 (6A, 6B ou 6C); celle de moins de 16 ans doit être titulaire d'un permis de la classe 6D autorisant la conduite d'un cyclomoteur.

Le propriétaire de tout véhicule hors route doit obtenir un contrat d'assurance de responsabilité civile d'au moins 500 000 $ garantissant l'indemnisation d'un préjudice corporel ou matériel causé par ce véhicule.

Le conducteur d'un véhicule hors route doit avoir avec lui le certificat d'immatriculation du véhicule délivré en vertu du *Code de la sécurité routière*, l'attestation d'assurance de responsabilité civile, un document attestant son âge et, le cas échéant, le certificat d'aptitudes ou son autorisation à conduire.

En cas de prêt ou de location pour une période inférieure à un an consenti par un commerçant, il doit aussi avoir avec lui un document faisant preuve de la durée du prêt ou une copie du contrat de location.

Ne peuvent être transportés sur un véhicule hors route plus de passagers que la capacité indiquée par le fabricant.

À défaut d'indication du fabricant du véhicule hors route, un seul passager peut être transporté sur une motoneige et aucun sur les autres véhicules hors route.

Un passager supplémentaire peut être transporté si le véhicule est muni d'un équipement additionnel, prévu à cette fin et installé selon les normes du fabricant du véhicule hors route.

Il est interdit de tirer au moyen d'un véhicule hors route plus d'un traîneau ou d'une remorque.

Toute personne qui circule à bord, soit d'un véhicule hors route, soit d'une remorque ou d'un traîneau tiré par un tel véhicule, doit porter des chaussures et l'équipement suivant, lequel doit être conforme aux normes réglementaires :

- un casque ;
- des lunettes de sécurité si le casque n'est pas muni d'une visière ;
- tout autre équipement prescrit par règlement.

Nul ne peut consommer de boissons alcooliques à bord d'un véhicule hors route, d'une remorque ou d'un traîneau tiré par un tel véhicule.

Tout véhicule hors route doit être muni de l'équipement suivant, lequel doit être conforme aux normes réglementaires :

- un phare blanc à l'avant ;
- un feu de position rouge à l'arrière ;
- un système d'échappement ;
- un système de freinage.

De plus, tout véhicule hors route construit après le 1er janvier 1998 doit être muni :

- d'un feu de freinage rouge à l'arrière ;
- d'un rétroviseur solidement fixé au côté gauche du véhicule ;
- d'un indicateur de vitesse.

Il est interdit de retirer l'équipement nécessaire au fonctionnement d'un véhicule hors route, d'un traîneau ou d'une remorque, dont le fabricant a muni ceux-ci.

Toute autre modification du véhicule susceptible de diminuer sa stabilité ou sa capacité de freinage ou d'accroître sa puissance d'accélération est également interdite.

RÈGLES DE CIRCULATION D'UN VÉHICULE HORS ROUTE

Sur les routes et chemins privés ouverts à la circulation publique des véhicules routiers, la circulation des véhicules hors route est permise. Toutefois, le propriétaire de la voie ou le responsable de son entretien peut, au moyen d'une signalisation conforme aux normes réglementaires, soit l'interdire, soit la restreindre à certains types de véhicules hors route ou à certaines périodes de temps.

Sur un chemin public, au sens du *Code de la sécurité routière*, la circulation des véhicules hors route est interdite.

La circulation des véhicules hors route à une distance inférieure à celle fixée par règlement municipal ou, à défaut, à moins de 30 mètres d'une habitation, d'une installation exploitée par un établissement de santé ou d'une aire réservée à la pratique d'activités culturelles, éducatives, récréatives ou sportives est interdite, sauf :

- autorisation expresse du propriétaire ou du locataire de l'habitation ou de l'aire réservée ;
- sur un chemin public dans les conditions prévues par la Loi sur les véhicules hors route ;
- sur une route ou un chemin privé ouvert à la circulation publique des véhicules routiers ;
- sur un sentier établi dans une emprise ferroviaire désaffectée et indiqué au schéma d'aménagement d'une municipalité régionale de comté ou d'une communauté urbaine.

Les véhicules hors route peuvent cependant :

- circuler sur la chaussée sur une distance maximale d'un kilomètre, pourvu que le conducteur soit un travailleur, que l'utilisation du véhicule soit nécessaire dans l'exécution du travail qu'il est en train d'effectuer et que celui-ci respecte les règles de la circulation routière ;

- traverser à angle droit le chemin, à la condition qu'une signalisation routière y indique un passage pour véhicule hors route ;

- circuler hors de la chaussée et du fossé, même en sens inverse, aux conditions fixées par règlement ;

- à la condition qu'une signalisation l'autorise, circuler sur la chaussée, sur une distance maximale de 500 mètres, pour rejoindre un sentier, une station-service ou un autre lieu ouvert au public pour y faire une halte ;

- avec l'autorisation du responsable de l'entretien du chemin et aux conditions qu'il détermine, y circuler lorsque la circulation routière est interrompue en raison d'événements exceptionnels ou des conditions atmosphériques ;

- circuler sur tout ou partie d'un chemin, dont l'entretien est à la charge du ministre ou d'une municipalité et que ceux-ci déterminent par règlement, dans les conditions, aux périodes de temps et pour les types de véhicules prévus à leurs règlements, pourvu que le conducteur respecte les règles de la circulation routière.

Le conducteur d'un véhicule hors route est tenu d'observer une signalisation et d'obéir aux ordres et signaux d'un agent de la paix ou d'un agent de surveillance de sentier.

La vitesse maximale d'une motoneige est de 70 km/h et celle de tout autre véhicule hors route est de 50 km/h.

Le conducteur d'un véhicule hors route doit maintenir allumés le phare blanc à l'avant du véhicule et le feu de position rouge à l'arrière.

Nul ne peut circuler sur un sentier autrement qu'à bord d'un véhicule hors route qui y est autorisé. Le conducteur d'un véhicule hors route doit circuler à l'extrême droite du sentier ou de la voie qu'il emprunte.

Chapitre 5

L'ACCIDENT

*C*haque année, au Québec, quelque 200 000 accidents de la route font des dizaines de milliers de victimes. Celles-ci sont indemnisées en vertu du régime public d'assurance automobile qui protège tous les résidents québécois victimes de préjudices corporels lors d'un accident d'automobile survenu au Québec ou ailleurs, qu'ils soient ou non responsables de l'accident.

Le régime peut également indemniser les personnes qui n'ont pas de résidence permanente au Québec et qui ont subi des blessures dans un accident au Québec.

L'ASSURANCE AUTOMOBILE

AU QUÉBEC

Tout propriétaire de véhicule doit se rappeler que :

- la *Loi sur l'assurance automobile* lui impose l'obligation d'avoir une police d'assurance de responsabilité pour préjudices matériels d'au moins 50 000 $. Cette assurance relève de l'entreprise privée ;

- la Société de l'assurance automobile du Québec indemnise, sans égard à la responsabilité, tous les Québécois victimes de préjudices corporels à la suite d'accidents d'automobile survenus au Québec ou à l'extérieur du Québec. Il s'agit ici :

  – des automobilistes et de leurs passagers,

– des motocyclistes,

– des cyclistes et des piétons (si heurtés par une automobile).

Le régime public d'assurance automobile, en vigueur depuis
1978, protège toutes les personnes qui ont le statut de résident
du Québec. Il permet d'indemniser les victimes de préjudices
corporels sans déterminer le responsable de l'accident. Le droit
de recours aux tribunaux civils est inexistant.

Bien entendu, les personnes qui conduisent dangereusement
ou commettent des infractions au *Code de la sécurité routière* et
au *Code criminel* sont toujours sujettes à poursuite en vertu de
ces lois.

À L'EXTÉRIEUR DU QUÉBEC

Le Québécois blessé dans un accident d'automobile survenu à
l'extérieur du Québec a droit aux mêmes indemnités prévues par
le régime d'assurance automobile pour les préjudices corporels,
qu'il soit ou non responsable de l'accident.

Toutefois, s'il est responsable de l'accident, il est susceptible
d'être poursuivi devant les tribunaux du lieu de l'accident pour
les préjudices matériels et corporels causés à autrui. C'est alors
son assurance de responsabilité, obligatoire pour circuler en
territoires canadien et américain qui, dans ce cas, va le protéger.
Cependant, celle-ci devrait avoir une couverture suffisante pour
compenser tous les préjudices.

Donc, avant de circuler dans une autre province canadienne
ou un État américain, le Québécois devrait vérifier auprès de son
assureur privé si la couverture de son assurance de responsabilité
est assez élevée pour compenser à la fois les préjudices matériels
et corporels causés à autrui. De même, s'il prévoit conduire un
véhicule ailleurs dans le monde, il devrait se renseigner sur la
couverture à prendre pour avoir une protection suffisante.

Par ailleurs, s'il n'est pas responsable de cet accident, il
conserve son droit de poursuite en vertu de la loi du lieu de
l'accident, et peut exercer ce droit s'il estime pouvoir obtenir un
excédent à l'indemnité que peut lui verser la Société.

LES PERSONNES RÉSIDANT À L'EXTÉRIEUR DU QUÉBEC

Les personnes ayant leur résidence permanente à l'extérieur du Québec sont couvertes par le régime québécois d'assurance automobile lorsqu'elles circulent sur nos routes dans un véhicule immatriculé au Québec et ce, qu'elles soient propriétaires, conducteurs ou passagers. Ces personnes ont droit à toutes les indemnités, au même titre qu'un Québécois.

Les autres, dont le véhicule n'est pas immatriculé au Québec, et qui ont un accident d'automobile au Québec, sont indemnisés par la Société dans la proportion inverse de leur part de responsabilité dans l'accident. Mentionnons que la Société a conclu des ententes avec l'Ontario, le Manitoba et l'Alberta. Grâce à ces ententes, les résidents de ces provinces qui subissent des préjudices corporels dans un accident d'automobile au Québec bénéficient des mêmes avantages, par l'entremise de leur assureur privé, que les résidents québécois.

LES CAS D'EXCLUSION DU RÉGIME

Certains types d'accidents ne sont pas couverts par le régime d'assurance automobile et les personnes qui les subissent n'ont donc droit à aucune indemnité.

C'est le cas, notamment, pour :

- un accident survenu lors d'une compétition, d'une course ou d'un spectacle d'automobiles sur un parcours ou un terrain fermé à la circulation, que les personnes accidentées soient conducteurs, passagers ou spectateurs.

- un accident de motoneige ou de véhicule hors route (ex. : véhicule tout-terrain), sauf s'il y a eu collision avec un véhicule en mouvement qui est autorisé à circuler sur un chemin public (ex. : collision d'une automobile avec une motoneige) ;

- un accident survenu en dehors du chemin public, au cours duquel des blessures sont causées par un véhicule d'équipement, une remorque ou un tracteur de ferme, sauf s'il y a eu collision avec un véhicule en mouvement qui est autorisé à circuler sur un chemin public (ex. : collision d'un tracteur avec une automobile) ;

- des blessures causées par un appareil pouvant fonctionner indépendamment du véhicule auquel il est incorporé (ex. : une gratte d'hiver installée temporairement à un camion), quand ce véhicule est immobilisé en dehors d'un chemin public.

Dans ces cas, les propriétaires des véhicules et des équipements concernés doivent, pour être protégés, contracter une assurance appropriée d'une compagnie privée pour couvrir les préjudices corporels et matériels pouvant être causés par ces véhicules et ces équipements.

LES CAS PARTICULIERS

Accidents d'automobile dans le cadre du travail

Si l'accident d'automobile survient dans le cadre du travail, la personne blessée doit présenter sa réclamation à la Commission de la santé et de la sécurité du travail du Québec (CSST).

Si cette personne a déjà soumis une demande à la CSST et que celle-ci lui a été refusée, elle peut faire une demande d'indemnité à la Société en y joignant la lettre de refus de la CSST.

Personne victime d'acte criminel ou personne blessée en portant secours à une victime d'accident

Une personne qui subit des blessures résultant de voies de fait causées par une automobile peut, à son choix, se prévaloir des indemnités de la *Loi de l'indemnisation des victimes d'actes criminels* (IVAC) ou de celles de la *Loi sur l'assurance automobile*.

Par ailleurs, une personne peut être victime d'un accident d'automobile au moment où elle veut porter secours à une personne en danger. Dans ce cas, elle peut se prévaloir des indemnités de la *Loi visant à favoriser le civisme* ou celles qui sont prévues à la *Loi sur l'assurance automobile*.

Cependant, toute personne qui choisit de se faire indemniser en vertu de la *Loi de l'indemnisation des victimes d'actes criminels* ou de la *Loi visant à favoriser le civisme* doit s'adresser au bureau de la Direction régionale de la CSST le plus près de chez elle.

LES INDEMNITÉS

À la suite d'un accident, la Société de l'assurance automobile peut verser une ou plusieurs des indemnités suivantes :

- une indemnité de remplacement du revenu ;
- une indemnité pour perte d'emploi ;
- une indemnité de frais de garde ;
- une indemnité forfaitaire pour les inconvénients (douleurs, souffrances, perte de jouissance de la vie) ;
- le remboursement de certains frais occasionnés par l'accident (frais médicaux et paramédicaux, transport par ambulance, achat de prothèses ou d'orthèses, remplacement de vêtements, médicaments, frais d'aide personnelle à domicile, etc.) ;
- une indemnité forfaitaire pour la perte d'une année scolaire ou, au niveau postsecondaire, d'une session d'études ;
- le remboursement des frais de garde ou de frais d'aide personnelle à domicile ;
- le remboursement des frais de remplacement de main-d'œuvre pour les personnes travaillant sans rémunération dans une entreprise familiale ;
- une indemnité de décès ;
- une indemnité forfaitaire pour frais funéraires.

Afin de préserver le pouvoir d'achat des personnes accidentées, le revenu brut servant au calcul de l'indemnité de remplacement du revenu est revalorisé annuellement à la date de l'accident. Toutes les autres indemnités prévues dans la *Loi sur l'assurance automobile* sont revalorisées au 1ᵉʳ janvier de chaque année.

La Société peut prendre les mesures nécessaires pour acquitter les dépenses de nature à faciliter le retour à la vie normale des personnes accidentées, ainsi que leur réinsertion dans la société et sur le marché du travail. Elle peut, ainsi, rembourser les frais d'adaptation d'un véhicule ou d'une résidence des personnes victimes d'accidents ; elle peut aussi leur rembourser des frais de formation ou de rééducation, ou encore les frais d'équipements spéciaux jugés essentiels à leur réadaptation.

LE DROIT DE CONTESTER

Toute personne qui se croit lésée par une décision de la Société peut en demander la révision dans les 60 jours suivant la date de la mise à la poste de la décision. Pour entreprendre le processus de révision, la personne doit obtenir le formulaire *Demande de révision* en s'adressant à la Société et le retourner à la Direction de la révision, à l'intérieur du délai précité. Dans sa demande, la personne doit fournir la preuve qu'elle a droit aux indemnités qu'elle réclame ; elle doit donc présenter les faits qui le démontrent. Elle doit aussi signer le formulaire.

Si la personne n'est pas satisfaite de la nouvelle décision rendue par la Société, elle peut, dans un deuxième temps, en appeler devant le Tribunal administratif du Québec dans les 60 jours suivant cette décision.

LES PRÉJUDICES MATÉRIELS

L'assurance de responsabilité pour préjudices matériels à autrui est obligatoire au Québec. Lors de la collision d'au moins deux véhicules dont les propriétaires sont connus, chacun doit recourir à son propre assureur (convention d'indemnisation directe).

LE DÉLIT DE FUITE ET L'INSOLVABILITÉ

Certains, dépourvus d'assurance de responsabilité, se trouvent sans protection devant l'insolvabilité ou le délit de fuite du responsable de l'accident. La Société peut, dans certains cas, indemniser ces personnes pour les préjudices matériels et corporels qu'elles ont subis.

L'ACCIDENT AVEC PRÉJUDICES MATÉRIELS

Les personnes victimes de préjudices matériels causés à leur véhicule ou à un autre bien lors d'un accident d'automobile, peuvent être indemnisées dans les circonstances suivantes :

- lorsqu'elles ont obtenu un jugement en leur faveur d'une cour de justice québécoise, jugement impossible à satisfaire par suite de l'insolvabilité du responsable de l'accident ou l'insuffisance de sa police d'assurance de responsabilité ;
- lorsqu'il est impossible de découvrir l'identité du propriétaire ou du conducteur du véhicule responsable de l'accident (ex : délit de fuite).

De même, les personnes victimes d'accidents d'automobile survenus hors d'un chemin public et causés par un tracteur ou une remorque de ferme, une motoneige, un véhicule ou une remorque d'équipement ou tout autre véhicule destiné à circuler en dehors d'un chemin public, peuvent s'adresser à la Société pour les préjudices matériels qu'elles ont subis :

- lorsqu'elles ont obtenu en leur faveur un jugement non exécuté en raison de l'insolvabilité du responsable de l'accident ou de l'insuffisance de sa police d'assurance de responsabilité ;
- lorsqu'il est impossible de découvrir l'identité du propriétaire ou du conducteur du véhicule qui a causé l'accident.

QUE FAIRE EN CAS D'ACCIDENT ?

Si vous êtes blessé dans un accident d'automobile, voici cinq actions essentielles à faire :

- appelez la police, afin de faire produire un rapport d'accident ;

- ne tardez pas à voir un médecin et faites inscrire sur le rapport médical tous les symptômes relatifs à votre accident d'automobile ;

- faites, le plus tôt possible, une réclamation à la Société de l'assurance automobile du Québec :

  - en composant le numéro 1 888 810-2525

  - ou par l'entremise d'une infirmière qui procédera à l'ouverture de votre dossier d'indemnisation, au cours de votre séjour dans un centre hospitalier qui offre ce service ;

- avisez votre assureur, si l'accident a causé des préjudices matériels ;
- assurez-vous que le médecin qui vous traite, à la suite de l'accident, fasse parvenir le rapport médical à la Société.

Dès qu'une personne accidentée communique avec la Société, un préposé aux renseignements lui fait parvenir les documents nécessaires pour produire une demande d'indemnité et lui offre l'aide technique nécessaire pour remplir le formulaire. Au besoin, le préposé peut envoyer une personne au domicile de l'accidenté pour l'aider à remplir sa demande. Les formulaires sont également disponibles dans les centres de service de la Société.

Si les renseignements relatifs à la demande d'indemnité ont été recueillis par l'infirmière du centre hospitalier, elle se chargera de les transmettre à la Société électroniquement.

Advenant une collision avec un objet inanimé, un animal de plus de 25 kg ou un véhicule routier inoccupé, le conducteur en cause, s'il ne peut rejoindre le propriétaire du bien endommagé ou son représentant sur les lieux de l'accident ou à proximité, doit communiquer sans délai avec le poste de police le plus proche pour signaler l'accident et fournir les renseignements mentionnés plus haut.

Le conducteur qui ne respecte pas ces obligations est passible d'une amende.

SUR LA SCÈNE DE L'ACCIDENT

Le premier conducteur arrivé sur les lieux doit, au besoin :

- ranger son véhicule sur l'accotement, à une trentaine de mètres de l'endroit de l'accident ;
- signaler l'accident aux autres usagers de la route en utilisant les feux de détresse. Des fusées éclairantes peuvent aussi être d'un grand secours ;

- demander à des personnes d'agir comme signaleurs, à distance raisonnable du lieu de l'impact et à l'endroit le plus propice pour prévenir les autres conducteurs ;
- couper le contact dans les voitures accidentées et exiger que personne ne fume à cause du risque de feu et d'explosion ;
- porter secours aux blessés dans la mesure de ses connaissances des techniques de premiers soins. Sinon, éviter toute manipulation ;
- signaler l'accident par téléphone au service de police le plus proche, en précisant le plus exactement possible le lieu de l'accident, le nombre de victimes et de véhicules endommagés.

Ne jamais déplacer un blessé, sauf en cas de danger réel de feu ou de collision avec un autre véhicule.

PREMIERS SOINS

Le conducteur prudent garde toujours une trousse de premiers soins dans son véhicule et il porte secours de la façon suivante :

- **Blessures :** en attendant l'arrivée du médecin ou des ambulanciers, arrêter l'écoulement du sang par pression avec un tampon, le pouce ou la main, si l'on possède les compétences requises. Recouvrir la plaie d'un pansement propre et faire un bandage solide. Si c'est nécessaire, faire un tourniquet.
- **Brûlures :** au moyen d'un pansement propre, isoler la brûlure de l'air et la recouvrir d'un bandage. Ne pas crever les ampoules ni enlever les vêtements.
- **Autres précautions :** garder le blessé au repos et le tenir au chaud dans une couverture. Ne rien lui faire avaler s'il est inconscient ou si on soupçonne une hémorragie interne. Dans les autres cas, on recommande d'humecter la bouche du blessé et de lui faire boire, par petites gorgées, du thé ou du café chaud sucré.

Chapitre 6

LES INFRACTIONS ET LES AMENDES

La principale loi qui régit les infractions routières est le Code de la sécurité routière. Tout conducteur doit savoir que le paiement d'une amende équivaut à une déclaration de culpabilité et que, en contrepartie, le non-paiement de cette amende peut l'amener devant les tribunaux.

Outre l'imposition d'amendes, des points d'inaptitude sont inscrits au dossier du conducteur pour certaines infractions.

Voici un tableau de quelques infractions au Code de la sécurité routière et des amendes qui en découlent pour les conducteurs de véhicules de promenade[4].

LES INFRACTIONS ET LES AMENDES

LE PERMIS DE CONDUIRE

INFRACTIONS	AMENDES
Ne pas avoir avec soi son permis de conduire, son permis d'apprenti conducteur, son permis probatoire ou son permis restreint	30 $ à 60 $
Ne pas communiquer un changement d'adresse à la Société dans les 30 jours	60 $ à 100 $
Fournir sciemment un renseignement faux ou trompeur lors d'une demande de permis	300 $ à 600 $

---

4. Les principales infractions relatives aux utilisateurs de véhicules lourds sont présentées dans la brochure *Obligations des utilisateurs de véhicules lourds* disponible à la Société de l'assurance automobile du Québec.

Conduire un véhicule routier sur un chemin public sans être titulaire d'un permis de la classe appropriée	300 $ à 600 $
Conduire un véhicule routier malgré la révocation ou la suspension du permis, ou la suspension du droit d'en obtenir un pour un motif autre que l'accumulation de points d'inaptitude ou qu'une infraction criminelle liée à la conduite d'un véhicule routier	300 $ à 600 $
Conduire un véhicule ou en avoir la garde après avoir consommé de l'alcool, alors qu'on est titulaire d'un permis d'apprenti conducteur, d'un permis probatoire, ou qu'on est âgé de moins de 25 ans et titulaire depuis moins de 5 ans d'un permis autorisant uniquement la conduite d'un cyclomoteur (classe 6D) ou d'un tracteur de ferme (classe 8)	300 $ à 600 $
Laisser conduire un véhicule par une personne qui n'est pas titulaire d'un permis de la classe appropriée ou qui fait l'objet d'une sanction pour un motif autre qu'une infraction au *Code criminel* liée à la conduite d'un véhicule routier	300 $ à 600 $
Conduire un véhicule routier malgré la révocation ou la suspension du permis ou la suspension du droit d'en obtenir un à la suite d'une accumulation de points d'inaptitude	600 $ à 2 000 $
Conduire un véhicule routier malgré la révocation du permis ou la suspension du droit d'en obtenir un par suite d'une déclaration de culpabilité à une infraction criminelle liée à la conduite d'un véhicule routier	1 500 $ à 3 000 $

L'IMMATRICULATION

Ne pas avoir avec soi son certificat d'immatriculation, son attestation d'assurance ou de solvabilité, une preuve de la durée du prêt du véhicule ou sa copie du contrat de location	60 $ à 100 $
Ne pas communiquer un changement d'adresse à la Société dans les 30 jours	60 $ à 100 $
Conduire un véhicule routier muni d'une plaque d'immatriculation d'une autre catégorie que la sienne, ou de la plaque d'immatriculation d'un autre véhicule routier	200 $ à 300 $
Fixer une plaque factice ou la plaque d'immatriculation d'un autre véhicule routier	200 $ à 300 $
Omettre de retourner sa plaque à la Société en cas de suspension d'immatriculation	300 $ à 2 000 $
Fabriquer une plaque factice	600 $ à 2 000 $

LE VÉHICULE ET SON ÉQUIPEMENT

Conduire un véhicule routier pourvu d'un équipement mal entretenu	60 $ à 100 $
Conduire un véhicule routier non muni de deux rétroviseurs	100 $ à 200 $
Conduire un véhicule routier ou un ensemble de véhicules routiers non muni d'au moins un système de freinage en bon état de fonctionnement	100 $ à 200 $
Conduire un véhicule routier muni de pneus non conformes aux normes, sur un chemin public	200 $ à 300 $

Conduire un véhicule routier dont le système de freinage a été modifié ou altéré pour en diminuer l'efficacité	200 $ à 300 $
Enlever ou faire enlever, modifier ou faire modifier, mettre ou faire mettre hors d'usage une ceinture de sécurité	200 $ à 300 $
Rendre inopérant un module de sac gonflable	300 $ à 600 $
Conduire un véhicule routier muni d'un détecteur de radar	500 $ à 1 000 $
Modifier, effacer, rendre illisible, remplacer ou enlever le numéro d'identification d'un véhicule routier sans autorisation préalable de la Société	600 $ à 2 000 $

LA CIRCULATION

Ne pas signaler son intention de dépasser au moyen des feux indicateurs de changement de direction	30 $ à 60 $
Freiner brusquement sans raison	30 $ à 60 $
Laisser un enfant de moins de 7 ans sans surveillance dans un véhicule routier	60 $ à 100 $
Ne pas diminuer l'intensité de l'éclairage avant de son véhicule, une fois parvenu à moins de 150 mètres du véhicule qu'on suit ou qu'on va croiser, ou encore sur un chemin suffisamment éclairé	60 $ à 100 $
Conduire ou occuper un véhicule routier sur un chemin public sans porter sa ceinture de sécurité correctement	80 $ à 100 $

Conduire un véhicule routier avec un passager âgé de moins de 16 ans, qui ne porte pas correctement la ceinture de sécurité ou un dispositif de sécurité conforme aux normes	80 $ à 100 $
Ne pas céder le passage à un piéton face à un feu vert ou à un feu blanc fixe ou clignotant pour piétons	100 $ à 200 $
Suivre un véhicule routier sans conserver une distance prudente et raisonnable	100 $ à 200 $
Enfreindre la signalisation installée sur un chemin public	100 $ à 200 $
Accélérer lorsqu'un véhicule tente de nous doubler ou est sur le point d'y arriver	200 $ à 300 $
Effectuer en zigzag plusieurs dépassements successifs	200 $ à 300 $
Doubler une bicyclette à l'intérieur de la même voie de circulation, quand il n'y a pas l'espace suffisant pour le faire sans danger	200 $ à 300 $
Doubler par la droite sauf pour dépasser un véhicule qui tourne à gauche ou se dirige vers une voie de sortie	200 $ à 300 $
Franchir une ligne continue pour doubler	200 $ à 300 $
Ne pas s'immobiliser à plus de 5 mètres d'un autobus ou d'un minibus affecté au transport d'écoliers quand les feux intermittents de ces véhicules sont en marche	200 $ à 300 $
Croiser ou dépasser un autobus ou un minibus d'écoliers dont les feux intermittents sont en marche	200 $ à 300 $

Consommer des boissons alcoolisées à l'intérieur d'un véhicule routier:

• pour le conducteur	300 $ à 600 $
• pour le passager	200 $ à 300 $

Conduire un véhicule routier pour un pari, un enjeu ou une course avec un autre véhicule, sauf s'il s'agit d'un rallye approuvé en vertu de la *Loi sur la sécurité dans les sports*   300 $ à 600 $

LA VITESSE

Vitesse et gestes imprudents susceptibles de mettre en péril la vie, la propriété ou la sécurité des personnes   300 $ à 600 $

Les infractions aux limites de vitesse :

Amende de base :   15 $

Amende additionnelle par tranche complète de 5 km/h excédant la vitesse permise :

de 1 à 20 km/h	10 $
de 21 à 30 km/h	15 $
de 31 à 45 km/h	20 $
de 46 à 60 km/h	25 $
de 61 km/h ou plus	30 $

INFRACTIONS	AMENDES

Exemple 1

Limite de vitesse de : 50 km/h
Vitesse enregistrée : 75 km/h
Excès de : 25 km/h

Amende :	15 $ + 75 $ = 90 $
	(5 X 15 $)

Exemple 2

Limite de vitesse de : 70km/h
Vitesse enregistrée : 120 km/h
Excès de : 50 km/h

Amende :	15 $ + 250 $ = 265 $
	(10 X 25 $)

LA VÉRIFICATION MÉCANIQUE

Remettre en circulation après 48 heures un véhicule routier présentant une défectuosité mineure, sans faire la preuve de sa conformité au Code	100 $ à 200 $
Remettre en circulation un véhicule routier présentant une défectuosité majeure, sans faire la preuve de sa conformité au Code	300 $ à 600 $

LA MOTOCYCLETTE ET LE CYCLOMOTEUR

Ne pas s'asseoir sur son siège ni tenir constamment le guidon pour circuler	30 $ à 60 $
Ne pas porter le casque protecteur	80 $ à 100 $
Ne pas adopter la formation en ziggag pour circuler en groupe de deux ou plus	100 $ à 200 $

Conduire entre deux rangées de véhicules circulant sur des voies contiguës	100 $ à 200 $

LA BICYCLETTE

Ne pas munir sa bicyclette de l'équipement obligatoire ou, la nuit, d'un phare blanc à l'avant et d'un feu rouge à l'arrière	15 $ à 30 $
Ne pas circuler à califourchon, ni tenir constamment le guidon	15 $ à 30 $
Conduire une bicyclette entre deux rangées de véhicules circulant sur des voies contiguës	15 $ à 30 $
Transporter un passager sans disposer d'un siège fixé à cette fin	15 $ à 30 $
Ne pas circuler à la file dans un groupe de deux cyclistes ou plus	15 $ à 30 $
Ne pas circuler à l'extrême droite de la chaussée et dans le même sens que la circulation	15 $ à 30 $
Omettre de se conformer à la signalisation ou aux règles de la circulation	15 $ à 30 $
Ne pas emprunter les pistes ou les bandes cyclables lorsque la chaussée en comporte	15 $ à 30 $
Modifier, rendre illisible, effacer, remplacer ou enlever le numéro d'identification d'une bicyclette sans une approbation préalable de la Société	30 $ à 60 $
Porter des écouteurs ou un baladeur	30 $ à 60 $
S'agripper ou s'accrocher à une bicyclette assistée en mouvement	30 $ à 60 $

Circuler avec une bicyclette assistée sur un chemin public en étant âgé de moins de 18 ans sans être titulaire d'un permis autorisant la conduite d'un cyclomoteur ou en ne respectant pas les conditions et restrictions se rattachant à ce permis	100 $ à 200 $
Ne pas porter un casque protecteur réglementaire pour circuler avec une bicyclette assistée sur un chemin public	100 $ à 200 $
Circuler sur un chemin public avec une bicyclette assistée non conforme aux exigences de la *Loi sur la sécurité automobile* et du *Code de la sécurité routière*	100 $ à 200 $

LA TROTTINETTE

Ne pas munir sa trottinette du système de freins requis	15 $ à 30 $
Circuler la nuit en trottinette lorsque celle-ci n'est pas munie des réflecteurs ou des matériaux réfléchissants requis et sans porter un vêtement ou un accessoire muni d'un matériau réfléchissant	25 $ à 50 $

LE PIÉTON

Ne pas se conformer aux feux de piétons ou de signalisation	15 $ à 30 $
Traverser un chemin public à un endroit autre que l'intersection ou le passage pour piétons situés à proximité	15 $ à 30 $

Achevé d'imprimer en mars 2007
sur les presses de l'Imprimerie Offset Beauce Ltée
à Sainte-Marie (Québec)